# 卞尺丹几乙し丹卞と

## Translated Language Learning

# Das Land der Blinden

The Country of the Blind

H.G. Wells

Deutsch / English

Copyright © 2023 Tranzlaty
All rights reserved.
Published by Tranzlaty
ISBN: 978-1-83566-199-4
**Original text by H.G. Wells**
The Country of the Blind
First published in English in 1904
**www.tranzlaty.com**

**Dreihundert Meilen und mehr von Chimborazo entfernt**
Three hundred miles and more from Chimborazo
**hundert Meilen vom Schnee des Cotopaxi entfernt**
one hundred miles from the snows of Cotopaxi
**in den wildesten Einöden der ecuadorianischen Anden**
in the wildest wastes of Ecuador's Andes
**abgeschnitten von der ganzen Welt der Menschen**
cut off from all the world of men
**Dort liegt das geheimnisvolle Gebirgstal**
there lies the mysterious mountain valley
**das Land der Blinden**
the Country of the Blind
**Vor vielen Jahren war dieses Tal offen für die Welt**
Long years ago, that valley was open to the world
**Männer kamen durch furchtbare Schluchten und über einen vereisten Pass**
men came through frightful gorges and over an icy pass
**Von dort aus gelangten sie in die ebenen Wiesen des Tals**
from there they could get into the valley's equable meadows
**und die Menschen kamen tatsächlich auf diese Weise ins Tal**
and men did indeed come to the valley this way
**einige Familien peruanischer Mischlinge kamen**
some families of Peruvian half-breeds came
**sie waren auf der Flucht vor der Tyrannei eines bösen spanischen Herrschers**
they were fleeing from the tyranny of an evil Spanish ruler
**Dann kam der gewaltige Ausbruch von Mindobamba**
Then came the stupendous outbreak of Mindobamba

**Siebzehn Tage lang war es Nacht in Quito**
it was night in Quito for seventeen days
**und das Wasser kochte in Yaguachi**
and the water was boiling at Yaguachi
**die Fische starben bis Guayaquil**
the fish were dying as far as Guayaquil
**überall entlang der pazifischen Hänge gab es Erdrutsche**
everywhere along the Pacific slopes there were landslips
**und es gab rasches Tauwetter und plötzliche Überschwemmungen**
and there was swift thawings and sudden floods
**eine ganze Seite des alten Arauca-Wappens verrutschte**
one whole side of the old Arauca crest slipped
**Es kam alles in einem donnernden Moment zusammen**
it all came down in a thunderous moment
**dadurch wurde der Zugang zum Land der Blinden für immer abgeschnitten**
this cut off access to the Country of the Blind for ever
**Die forschenden Füße der Menschen wunderten sich nicht mehr auf diese Weise**
the exploring feet of men wondered that way no more
**Aber einer dieser frühen Siedler war zufällig in der Nähe**
But one of these early settlers happened to be close by
**Er war an diesem Tag auf der anderen Seite der Schluchten**
he was on the other side of the gorges that day
**der Tag, an dem die Welt sich so schrecklich erschüttert hatte**
the day that the world had so terribly shaken itself
**Er musste seine Frau und seine Kinder vergessen**

he had to forget his wife and his children
**und er musste alle seine Freunde und Besitztümer vergessen**
and he had to forget all his friends and possessions
**und er musste sein Leben wieder von vorne beginnen**
and he had to start life over again
**Ein neues Leben in der Unterwelt**
a new life in the lower world
**aber Krankheit und Blindheit ergriffen ihn**
but illness and blindness took hold of him
**und er starb an Strafe in den Bergwerken**
and he died of punishment in the mines
**Aber die Geschichte, die er erzählte, brachte eine Legende hervor**
but the story he told begot a legend
**Eine Legende, die bis heute anhält**
a legend that lingers to this day
**und es reist die Länge der Anden**
and it travels the length of Andes
**Er erzählte von dem Grund, warum er sich aus dieser Härte zurückgewagt hatte**
He told of his reason for venturing back from that fastness
**der Ort, an den er getragen worden war**
the place into which he had been carried
**Er war als Kind an diesen Ort gebracht worden**
he had been taken to that place as a child
**an einem Lama festgezurrt, neben einem riesigen Ballen Ausrüstung**
lashed to a llama, beside a vast bale of gear
**Er sagte, das Tal habe alles, was das Herz eines Menschen begehren könne**
He said the valley had all that the heart of man could

desire
**Süßes Wasser, Weide, gleichmäßiges Klima**
sweet water, pasture, an even climate
**Hänge aus reicher brauner Erde und Gewirr eines Strauches**
slopes of rich brown soil and tangles of a shrub
**Er sprach von Sträuchern, die eine ausgezeichnete Frucht trugen**
he spoke of bushes that bore an excellent fruit
**Auf der einen Seite gab es große hängende Kiefernwälder**
on one side there were great hanging forests of pine
**Die Kiefer hatte die Lawinen hoch gehalten**
the pine had held the avalanches high
**Weit über uns, auf drei Seiten, befanden sich riesige Klippen**
Far overhead, on three sides, there were vast cliffs
**sie waren von einem graugrünen Felsen**
they were of a grey-green rock
**und oben waren Eiskappen**
and at the top there were caps of ice
**aber der Gletscherstrom kam nicht zu ihnen**
but the glacier stream came not to them
**Er floss von den weiter entfernten Hängen ab**
it flowed away by the farther slopes
**und nur hin und wieder fielen riesige Eismassen**
and only now and then huge ice masses fell
**In diesem Tal hat es weder geregnet noch geschneit**
In this valley it neither rained nor snowed
**aber die reichlich vorhandenen Quellen gaben eine sattgrüne Weide**
but the abundant springs gave a rich green pasture
**Ihre Bewässerung erstreckte sich über den gesamten**

**Talraum**
their irrigation spread over all the valley space
**Den Siedlern dort ging es in der Tat gut**
The settlers there did well indeed
**Ihren Tieren ging es gut und sie vermehrten sich**
Their beasts did well and multiplied
**Nur eines trübte ihr Glück**
only one thing marred their happiness
**Und es genügte, um ihr Glück sehr zu trüben**
And it was enough to mar their happiness greatly
**Eine seltsame Krankheit war über sie gekommen**
A strange disease had come upon them
**es machte alle ihre Kinder blind**
it made all their children blind
**Er wurde ausgesandt, um einen Zauber oder ein Gegenmittel zu finden**
He was sent to find some charm or antidote
**Ein Heilmittel gegen diese Plage der Blindheit**
a cure against this plague of blindness
**So kehrte er die Schlucht hinunter**
so he returned down the gorge
**aber nicht ohne Ermüdung, Gefahr und Schwierigkeit**
but not without fatigue, danger, and difficulty
**Damals dachten die Menschen nicht an Keime**
In those days men did not think of germs
**Die Sünde erklärte, warum dies geschehen war**
sin explained why this had happened
**Das dachte er auch**
this is what he thought too
**Es gab eine Ursache für dieses Leiden**
there was a cause for this affliction
**Die Einwanderer waren ohne Priester gewesen**
the immigrants had been without a priest

**Sie hatten es versäumt, ein Heiligtum zu errichten**
they had failed to set up a shrine
**Das hätte das erste sein sollen, was sie taten**
this should have been the first thing they did
**Er wollte ein Heiligtum bauen**
He wanted to build a shrine
**Ein schöner, billiger, wirkungsvoller Schrein**
a handsome, cheap, effectual shrine
**Er wollte, dass es im Tal errichtet wird**
he wanted it to be erected in the valley
**Er wollte Reliquien und dergleichen**
he wanted relics and such-like
**Er wünschte sich mächtige Dinge des Glaubens**
he wanted potent things of faith
**Er wollte gesegnete Gegenstände und geheimnisvolle Medaillen**
he wanted blessed objects and mysterious medals
**und er spürte, dass sie Gebete brauchten**
and he felt they needed prayers
**In seinem Portemonnaie hatte er einen Silberbarren**
In his wallet he had a bar of silver
**aber er wollte nicht sagen, woher es kam**
but he would not say from where it was
**Er beharrte darauf, dass es im Tal kein Silber gäbe**
he insisted there was no silver in the valley
**und er hatte die Beharrlichkeit eines unerfahrenen Lügners**
and he had the insistence of an inexpert liar
**Sie hatten ihr Geld und ihren Schmuck gesammelt**
They had collected their money and ornaments
**Er sagte, sie hätten wenig Bedarf an einem solchen Schatz**
he said they had little need for such treasure

**Er sagte ihnen, er würde ihnen heilige Hilfe kaufen**
he told them he would buy them holy help
**auch wenn dies gegen ihren Willen geschah**
even though this was against their will
**Er war sonnenverbrannt, hager und ängstlich**
he was sunburnt, gaunt, and anxious
**Er war an die Wege der niederen Welt nicht gewöhnt**
he was unused to the ways of the lower world
**Fieberhaft umklammerte er seinen Hut und erzählte seine Geschichte**
clutching his hat feverishly he told his story
**Er erzählte seine Geschichte einem scharfäugigen Priester**
he told his story to some keen-eyed priest
**Er sicherte sich einige heilige Heilmittel**
he secured some holy remedies
**Gesegnetes Wasser, Statuen, Kreuze und Gebetbücher**
blessed water, statues, crosses and prayer books
**und er trachtete danach, zurückzukehren und sein Volk zu retten**
and he sought to return and save his people
**Er kam dorthin, wo die Schlucht gewesen war**
he came to the where the gorge had been
**aber vor ihm war eine Masse von umgestürzten Steinen**
but in front of him was a mass of fallen stone
**Stellen Sie sich seine unendliche Bestürzung vor**
imagine his infinite dismay
**Er war von der Natur aus seinem Land vertrieben worden**
he had been expelled by nature from his land
**Aber der Rest seiner Geschichte von Missgeschicken ist verloren**

But the rest of his story of mischances is lost
**Alles, was wir wissen, ist sein böser Tod nach mehreren Jahren**
all we know of is his evil death after several years
**ein armer Streuner aus dieser Abgeschiedenheit!**
a poor stray from that remoteness!
**Der Bach, der einst die Schlucht gebildet hatte, wurde umgeleitet**
The stream that had once made the gorge diverted
**Jetzt bricht es aus dem Eingang einer felsigen Höhle**
now it bursts from the mouth of a rocky cave
**und die Legende seiner Geschichte nahm ein Eigenleben an**
and the legend of his story took on its own life
**Daraus entwickelte sich die Legende, die man heute noch hören kann**
it developed into the legend one may still hear today
**eine Rasse von Blinden "irgendwo da drüben"**
a race of blind men "somewhere over there"
**Die kleine Population war nun isoliert**
the little population was now isolated
**Das Tal wurde von der Außenwelt vergessen**
the valley was forgotten by the outside world
**und ihre Krankheit nahm ihren Lauf**
and their disease ran its course
**Die Alten mussten tasten, um ihren Weg zu finden**
The old had to grope to find their way
**Die Jungen konnten ein wenig sehen, aber nur schwach**
the young could see a little, but dimly
**und die Neugeborenen sahen es überhaupt nicht**
and the newborns never saw at all
**Aber das Leben im Tal war sehr einfach**

But life was very easy in the valley
**es gab weder Dornen noch Dornen**
there were neither thorns nor briars
**Es gab keine bösen Insekten im Land**
there were no evil insects in the land
**und es gab keine gefährlichen Bestien**
and there were no dangerous beasts
**Eine sanfte Art von Lamas weidete das Tal ab**
a gentle breed of llamas grazed the valley
**Diejenigen, die sehen konnten, waren allmählich blind geworden**
those that could see had become purblind gradually
**so wurde ihr Verlust kaum bemerkt**
so their loss was scarcely noticed
**Die Ältesten leiteten die blinden Jugendlichen an**
The elders guided the sightless youngsters
**und die Jungen kannten bald das ganze Tal wunderbar**
and the young soon knew the whole valley marvellously
**Selbst als der letzte Anblick erloschen war, lebte die Rasse weiter**
even when the last sight died out, the race lived on
**Es war genug Zeit gewesen, sich anzupassen**
There had been enough time to adapt
**Sie lernten die Beherrschung des Feuers**
they learned the control of fire
**Sie legten es sorgfältig in steinerne Öfen**
they carefully put it in stoves of stone
**Zuerst waren sie eine einfache Ansammlung von Menschen**
at first they were a simple strain of people
**Sie hatten nie Bücher oder Schriften gehabt**
they had never had books or writing
**und sie wurden nur wenig von der spanischen**

**Zivilisation berührt**
and they were only slightly touched by Spanish civilisation
**obwohl sie einige der peruanischen Traditionen und Künste hatten**
although they had some of the Peruvian traditions and arts
**und sie hielten einige dieser Philosophien am Leben**
and they kept some of those philosophies alive
**Generation folgte auf Generation**
Generation followed generation
**Sie vergaßen viele Dinge von der Welt**
They forgot many things from the world
**Aber sie haben sich auch viel Neues ausgedacht**
but they also devised many new things
**Die größere Welt, aus der sie kamen, wurde zum Mythos**
the greater world they came from became mythical
**Farben und Details waren unsicher**
colours and details were uncertain
**und der Verweis auf das Sehen wurde zur Metapher**
and reference to sight became a metaphor
**In allen Dingen, außer in den Augen, waren sie stark und fähig**
In all things apart from sight they were strong and able
**Gelegentlich wurde ihnen jemand mit einem originellen Verstand geboren**
occasionally one with an original mind was born to them
**Jemand, der reden und überzeugen konnte**
someone who could talk and persuade
**Diese vergingen und hinterließen ihre Spuren**
These passed away, leaving their effects
**und die kleine Gemeinde wuchs an Zahl**

and the little community grew in numbers
**und ihr Verständnis für ihre Welt wuchs**
and their understanding of their world grew
**und sie lösten soziale und wirtschaftliche Probleme, die auftraten**
and they settled social and economic problems that arose
**Generationen folgten weiteren Generationen**
Generations followed more generations
**Fünfzehn Generationen waren vergangen, seit dieser Vorfahre gegangen war**
fifteen generations had passed since that ancestor left
**Der Vorfahre, der den Silberbarren nahm**
the ancestor who took the bar of silver
**der Vorfahre, der sich auf den Weg machte, um Gottes Hilfe zu finden**
the ancestor who went to find God's aid
**Der Vorfahre, der nie ins Tal zurückkehrte**
the ancestor who never returned to the valley
**Aber fünfzehn Generationen später kam ein neuer Mensch**
but fifteen generations later a new man came
**Ein Mann aus der Außenwelt**
a man from the outside world
**ein Mann, der zufällig das Tal der Blinden fand**
a man who happened to find the valley of the blind
**Dies ist die Geschichte dieses Mannes**
this is the story of that man

**Er war ein Bergsteiger aus dem Land in der Nähe von Quito**
He was a mountaineer from the country near Quito
**ein Mann, der am Meer gewesen war**
a man who had been down to the sea

**ein Mann, der die Welt gesehen hatte**
a man who had seen the world
**ein Leser von Büchern auf originelle Weise**
a reader of books in an original way
**ein scharfsinniger und unternehmungslustiger Mann**
an acute and enterprising man
**er war von einer Gruppe Engländer aufgenommen worden**
he had been taken on by a party of Englishmen
**sie waren nach Ecuador gekommen, um Berge zu besteigen**
they had come out to Ecuador to climb mountains
**Er ersetzte einen ihrer Führer, der erkrankt war**
he replaced one of their guides who had fallen ill
**Er hatte viele Berge der Welt bestiegen**
He had climbed many mountains of the world
**und dann kam der Versuch am Parascotopetl**
and then came the attempt at Mount Parascotopetl
**das war das Matterhorn der Anden**
this was the Matterhorn of the Andes
**Hier war er für die Außenwelt verloren**
here he was lost to the outer world
**Die Geschichte dieses Unfalls ist ein Dutzend Mal geschrieben worden**
The story of that accident has been written a dozen times
**Pointers Erzählung ist die beste Darstellung der Ereignisse**
Pointer's narrative is the best account of events
**Er erzählt von der kleinen Gruppe von Bergsteigern**
He tells about the small group of mountaineers
**Er beschreibt ihren schwierigen und fast senkrechten Weg nach oben**
he describes their difficult and almost vertical way up

**bis zum Fuß des letzten und größten Abgrunds**
to the very foot of the last and greatest precipice
**Sein Bericht erzählt, wie sie ein Nachtasyl bauten**
his account tells of how they built a night shelter
**Mitten im Schnee auf einem kleinen Felsvorsprung**
amidst the snow upon a little shelf of rock
**Er erzählt die Geschichte mit einem Hauch von echter dramatischer Kraft**
he tells the story with a touch of real dramatic power
**Nunez war in der Nacht von ihnen gegangen**
Nunez had gone from them in the night
**Sie schrien, aber es kam keine Antwort**
They shouted, but there was no reply
**und für den Rest dieser Nacht schliefen sie nicht mehr**
and for the rest of that night they slept no more
**Als der Morgen anbrach, sahen sie die Spuren seines Sturzes**
As the morning broke they saw the traces of his fall
**Es scheint unmöglich, dass er einen Laut von sich gegeben hat**
It seems impossible he could have uttered a sound
**Er war nach Osten gerutscht**
He had slipped eastward
**Auf die unbekannte Seite des Berges**
towards the unknown side of the mountain
**Weit unten war er auf einen steilen Schneehang geprallt**
far below he had struck a steep slope of snow
**und er muss den ganzen Weg hinuntergestürzt sein**
and he must have tumbled all the way down it
**Mitten in einer Schneelawine**
in the midst of a snow avalanche
**Seine Spur führte geradewegs an den Rand eines**

**furchterregenden Abgrunds**
His track went straight to the edge of a frightful precipice
**und darüber hinaus war alles verborgen**
and beyond that everything was hidden
**Weit unten, und dunstig vor Entfernung, konnten sie Bäume aufsteigen sehen**
Far below, and hazy with distance, they could see trees rising
**aus einem engen, verschlossenen Tal heraus**
out of a narrow, shut-in valley
**das verlorene Land der Blinden**
the lost Country of the Blind
**Aber sie wussten nicht, dass es das Land der Blinden war**
But they did not know it was the Country of the Blind
**Sie konnten es von keinem anderen engen Tal unterscheiden**
they could not distinguish it from any other narrow valley
**Entnervt von dieser Katastrophe gaben sie ihren Versuch auf**
Unnerved by this disaster, they abandoned their attempt
**und Pointer wurde in den Krieg gerufen**
and Pointer was called away to the war
**Später unternahm er einen weiteren Versuch am Berg**
later he did make another attempt at the mountain
**Bis heute erhebt Parascotopetl einen unbezwungenen Kamm**
To this day Parascotopetl lifts an unconquered crest
**und Pointers Unterschlupf bröckelt unbesucht inmitten des Schnees**
and Pointer's shelter crumbles unvisited, amidst the

snows
**Und der Mann, der fiel, überlebte...**
And the man who fell survived...


**Am Ende des Abhangs fiel er tausend Fuß in die Tiefe**
At the end of the slope he fell a thousand feet
**Er kam inmitten einer Schneewolke herunter**
he came down in the midst of a cloud of snow
**Er landete auf einem Schneehang, der noch steiler war als der darüber**
he landed on a snow-slope even steeper than the one above
**Diesen Abhang hinunter wurde er gewirbelt**
Down this slope he was whirled
**Der Sturz betäubte ihn und er verlor das Bewusstsein**
the fall stunned him and he lost consciousness
**aber kein Knochen in seinem Körper war gebrochen**
but not a bone in his body was broken
**Schließlich stürzte er die sanfteren Hänge hinunter**
finally, he fell down the gentler slopes
**und endlich lag er still**
and at last he laid still
**Er wurde inmitten eines weich werdenden weißen Schneehaufens begraben**
he was buried amidst a softening heap of the white snow
**der Schnee, der ihn begleitet und gerettet hatte**
the snow that had accompanied and saved him
**Er kam zu sich selbst mit der schwachen Vorstellung, dass er krank im Bett lag**
He came to himself with a dim fancy that he was ill in bed
**Dann wurde ihm klar, was geschehen war**
then he realized what had happened

**Mit der Intelligenz eines Bergsteigers arbeitete er sich los**
with a mountaineer's intelligence he worked himself loose
**Aus dem Schnee sah er die Sterne**
from the snow he saw the stars
**Er ruhte flach auf seiner Brust**
He rested flat upon his chest
**Er fragte sich, wo er war**
he wondered where he was
**und er fragte sich, was mit ihm geschehen war**
and he wondered what had happened to him
**Er untersuchte seine Gliedmaßen, um nach Schäden zu suchen**
He explored his limbs to check for damage
**Er stellte fest, dass einige seiner Knöpfe verschwunden waren**
he discovered that several of his buttons were gone
**und sein Mantel wurde über den Kopf geworfen**
and his coat was turned over his head
**Sein Messer war aus der Tasche verschwunden**
His knife had gone from his pocket
**und auch sein Hut war verloren**
and his hat was lost too
**obwohl er es sich unter das Kinn gebunden hatte**
even though he had tied it under his chin
**Er erinnerte sich, dass er nach losen Steinen gesucht hatte**
He recalled that he had been looking for loose stones
**Er wollte seinen Teil der Schutzmauer erhöhen**
he wanted to raise his part of the shelter wall
**Er erkannte, dass er gefallen sein musste**
He realized he must have fallen

**und er blickte auf, um zu sehen, wie tief er gefallen war**
and he looked up to see how far he had fallen
**Die Klippe wurde durch das grässliche Licht des aufgehenden Mondes übertrieben**
the cliff was exaggerated by the ghastly light of the rising moon
**Der Sturz, den er erlitten hatte, war gewaltig**
the fall he had taken was tremendous
**Eine Weile lag er regungslos da**
For a while he lay without moving
**Er starrte ausdruckslos auf die weite, bleiche Klippe**
he gazed blankly at the vast, pale cliff
**Der Berg überragte ihn**
the mountain towered above him
**In jedem Moment sah es so aus, als würde es weiter steigen**
each moment it looked like it kept rising
**sich aus einer abklingenden Flut der Dunkelheit erheben**
rising out of a subsiding tide of darkness
**Seine phantasmatische, geheimnisvolle Schönheit hielt ihn fest**
Its phantasmal, mysterious beauty held him
**und dann wurde er von schluchzendem Gelächter ergriffen**
and then he was seized with sobbing laughter
**Nach einer langen Zeit wurde er bewusster**
After a great interval of time he became more aware
**Er lag am unteren Rand des Schnees**
he was laying near the lower edge of the snow
**Unter ihm sah der Hang weniger steil aus**
Below him the slope looked less steep

**Er sah das dunkle und zerklüftete Aussehen des mit Steinen übersäten Rasens**
he saw the dark and broken appearance of rock-strewn turf
**Er kämpfte sich auf die Beine und schmerzte in allen Gelenken**
He struggled to his feet, aching in every joint
**Mühsam stieg er von dem aufgehäuften lockeren Schnee herunter**
he got down painfully from the heaped loose snow
**und er ging hinab, bis er auf dem Rasen war**
and he went downward until he was on the turf
**Dort ließ er sich neben einen Felsbrocken fallen**
there he dropped beside a boulder
**Er trank aus dem Fläschchen in seiner Innentasche**
he drank from the flask in his inner pocket
**und er schlief augenblicklich ein**
and he instantly fell asleep

**Er wurde durch den Gesang der Vögel geweckt**
He was awakened by the singing of birds
**Sie waren in den Bäumen weit unten**
they were in the trees far below
**Er richtete sich auf und bemerkte, dass er sich auf einer kleinen Alp befand**
He sat up and perceived he was on a little alp
**am Fuße eines gewaltigen Abgrunds**
at the foot of a vast precipice
**ein Abgrund, der in der Rinne nur wenig abfiel**
a precipice that sloped only a little in the gully
**der Weg, den er und sein Schnee herabgekommen waren**
the path down which he and his snow had come

**Gegen ihn erhob sich eine andere Felswand gegen den Himmel**
against him another wall of rock reared itself against the sky
**Die Schlucht zwischen diesen Abgründen verlief in östlicher und westlicher Richtung**
The gorge between these precipices ran east and west
**und es war voll von der Morgensonne**
and it was full of the morning sunlight
**Das Sonnenlicht beleuchtete die westwärts gerichtete Masse des gefallenen Berges**
the sunlight lit the westward mass of fallen mountain
**Er konnte sehen, wie es die absteigende Schlucht schloß**
he could see it closed the descending gorge
**Unten befand sich ein ebenso steiler Abgrund**
Below there was a precipice equally steep
**Hinter dem Schnee in der Rinne fand er eine Art Schornsteinspalte**
behind the snow in the gully he found a sort of chimney-cleft
**es triefte von Schneewasser**
it was dripping with snow-water
**Ein verzweifelter Mann könnte es wagen**
a desperate man might be able to venture it
**Er fand es einfacher, als es schien**
He found it easier than it seemed
**und endlich kam er zu einer anderen einsamen Alm**
and at last he came to another desolate alp
**Es gab eine Kletterei ohne besondere Schwierigkeit**
there was a rock climb of no particular difficulty
**und er erreichte einen steilen Abhang von Bäumen**
and he reached a steep slope of trees

**Von hier aus konnte er sich orientieren**
from here he was able to get his bearings
**Er wandte sein Gesicht die Schlucht hinauf**
he turned his face up the gorge
**Er sah, wie es sich zu grünen Wiesen öffnete**
he saw it opened into green meadows
**Dort sah er ganz deutlich den Schimmer einiger Steinhütten**
there he saw quite distinctly the glimmer of some stone huts
**obwohl die Hütten sehr seltsam aussahen**
although the huts looked very strange
**Selbst aus der Ferne sahen sie nicht wie normale Hütten aus**
even from a distance they didn't look like normal huts
**Manchmal war sein Vorankommen wie das Klettern an einer Mauer entlang**
At times his progress was like clambering along the face of a wall
**und nach einiger Zeit hörte die aufgehende Sonne auf, entlang der Schlucht zu scheinen**
and after a time the rising sun ceased to strike along the gorge
**die Stimmen der singenden Vögel verstummten**
the voices of the singing birds died away
**und die Luft wurde kalt und dunkel**
and the air grew cold and dark
**Aber das ferne Tal mit seinen Häusern wurde heller**
But the distant valley with its houses got brighter
**Er kam an den Rand einer anderen Klippe**
He came to the edge of another cliff
**Er war ein aufmerksamer Mann**
he was an observant man

**Zwischen den Felsen bemerkte er einen unbekannten Farn**
among the rocks he noted an unfamiliar fern
**Er schien sich mit intensiv grünen Händen aus den Spalten zu klammern**
it seemed to clutch out of the crevices with intense green hands
**Er pflückte einige dieser neuen Pflanzen**
He picked some of these new plants
**und er nagte an ihren Halmen**
and he gnawed their stalks
**Sie gaben ihm Kraft und Energie**
they gave him strength and energy

**Gegen Mittag kam er aus dem Schlund der Schlucht heraus**
About midday he came out of the throat of the gorge
**und er kam in die Ebene des Tales**
and he came into the plain of the valley
**Hier war er wieder im Sonnenlicht**
here he was in the sunlight again
**Er war steif und müde**
He was stiff and weary
**Er setzte sich in den Schatten eines Felsens**
he sat down in the shadow of a rock
**Er füllte seine Flasche mit Wasser aus einer Quelle**
he filled up his flask with water from a spring
**und er trank das Quellwasser**
and he drank the spring water
**Er blieb, wo er war, eine Zeitlang**
he remained where he was for some time
**Bevor er zu den Häusern ging, hatte er beschlossen, sich auszuruhen**

before going to the houses he had decided to rest
**Sie waren sehr fremd für seine Augen**
They were very strange to his eyes
**Je mehr er sich umsah, desto fremder kam ihm das Tal vor**
the more he looked around, the stranger the valley seemed
**Der größte Teil seiner Fläche war eine saftig grüne Wiese**
The greater part of its surface was lush green meadow
**Es war mit vielen schönen Blumen übersät**
it was starred with many beautiful flowers
**Bei der Bewässerung wurde außerordentliche Sorgfalt walten lassen**
extraordinary care had been taken for the irrigation
**und es gab Hinweise auf systematisches Beschneiden**
and there was evidence of systematic cropping
**Hoch oben um das Tal herum war eine Mauer**
High up around the valley was a wall
**Es schien auch einen umlaufenden Wasserkanal zu geben**
there also appeared to be a circumferential water channel
**Das kleine Rinnsal des Wassers nährte die Wiesenpflanzen**
the little trickles of water fed the meadow plants
**An den höher gelegenen Hängen darüber befanden sich Schwärme von Lamas**
on the higher slopes above this were flocks of llamas
**sie schnitten das spärliche Kraut ab**
they cropped the scanty herbage
**Es gab einige Unterstände für die Lamas**
there were some shelters for the llamas

**Sie waren an der Begrenzungsmauer errichtet worden**
they had been built against the boundary wall
**Die Bewässerungsbäche liefen zusammen in einen Hauptkanal**
The irrigation streams ran together into a main channel
**Diese verliefen in der Mitte des Tals**
these ran down the centre of the valley
**und diese war zu beiden Seiten von einer Mauertruhe umschlossen**
and this was enclosed on either side by a wall chest high
**Dies verlieh diesem abgeschiedenen Ort eine urbane Qualität**
This gave an urban quality to this secluded place
**Einige Wege waren mit schwarzen und weißen Steinen gepflastert**
a number of paths were paved with black and white stones
**und die Wege hatten einen seltsamen Bordstein an der Seite**
and the paths had a strange kerb at the side
**Dadurch wirkte es noch urbaner**
this made it seem even more urban
**Die Häuser des zentralen Dorfes waren nicht zufällig angeordnet**
The houses of the central village were not randomly arranged
**Sie standen in einer ununterbrochenen Reihe**
they stood in a continuous row
**und sie befanden sich auf beiden Seiten der Hauptstraße**
and they were on both sides of the central street
**Hier und da waren die seltsamen Wände von einer Tür durchbrochen**

here and there the odd walls were pierced by a door
**aber es war kein einziges Fenster zu sehen**
but there was not a single window to be seen
**Sie waren mit außerordentlicher Unregelmäßigkeit gefärbt**
They were coloured with extraordinary irregularity
**Sie waren mit einer Art Pflaster beschmiert worden**
they had been smeared with a sort of plaster
**Mal war es grau, mal trist**
sometimes it was grey, sometimes drab
**manchmal war es schieferfarben**
sometimes it was slate-coloured
**zu anderen Zeiten war es dunkelbraun**
at other times it was dark brown
**Es war der wilde Verputz, der das Wort blind hervorrief**
it was the wild plastering that first elicited the word blind
**"Wer auch immer das getan hat, muss blind wie eine Fledermaus gewesen sein"**
"whoever did this must have been as blind as a bat"
**Bemerkenswert war aber auch ihre erstaunliche Sauberkeit**
but also notable was their astonishing cleanness
**Er stieg eine steile Stelle hinab**
He descended down a steep place
**Und so kam er an die Mauer**
and so he came to the wall
**Diese Mauer führte das Wasser um das Tal herum**
this wall led the water around the valley
**und es endete in der Nähe des Dorfes**
and it ended near the bottom of the village

**Er konnte nun eine Anzahl von Männern und Frauen sehen**
He could now see a number of men and women
**Sie ruhten sich auf aufgetürmten Grashaufen aus**
they were resting on piled heaps of grass
**Sie schienen eine Siesta zu machen**
they seemed to be taking a siesta
**Im abgelegeneren Teil befanden sich eine Reihe von Kindern**
in the remoter part there were a number of children
**Und dann, näher zu ihm, waren drei Männer**
and then, nearer to him, there were three men
**Sie trugen Eimer einen kleinen Pfad entlang**
they were carrying pails along a little path
**Die Wege verliefen von der Mauer zu den Häusern**
the paths ran from the wall towards the houses
**Die Männer waren in Gewänder aus Lama-Stoff gekleidet**
The men were clad in garments of llama cloth
**und ihre Stiefel und Gürtel waren aus Leder**
and their boots and belts were of leather
**und sie trugen Mützen aus Stoff**
and they wore caps of cloth
**Sie folgten einander im Gänsemarsch**
They followed one another in single file
**Sie gähnten, als sie langsam gingen**
they yawned as they slowly walked
**wie Männer, die die ganze Nacht wach waren**
like men who have been up all night
**Ihre Bewegung schien wohlhabend und respektabel zu sein**
Their movement seemed prosperous and respectable
**Nunez zögerte nur einen Augenblick**

Nunez only hesitated for a moment
**Und dann kam er hinter seinem Felsen hervor**
and then he came out from behind his rock
**Er stieß einen mächtigen Schrei aus**
he gave vent to a mighty shout
**und seine Stimme hallte durch das Tal**
and his voice echoed round the valley
**Die drei Männer blieben stehen und bewegten ihre Köpfe**
The three men stopped and moved their heads
**Sie schienen sich umzusehen**
They seemed to be looking around
**Sie drehten ihre Gesichter hin und her**
They turned their faces this way and that way
**und Nunez gestikulierte wild**
and Nunez gesticulated wildly
**Aber sie schienen ihn nicht zu sehen**
But they did not appear to see him
**trotz all seines Winkens und Gestens**
despite all his waving and gestures
**Schließlich stellten sie sich in Richtung der Berge**
eventually they stood themselves towards the mountains
**Diese waren weit rechts entfernt**
these were far away to the right
**und sie schrien, als ob sie antworteten**
and they shouted as if they were answering
**Nunez brüllte wieder und gestikulierte wirkungslos**
Nunez bawled again, and he gestured ineffectually
**"Die Narren müssen blind sein", sagte er**
"The fools must be blind," he said
**All das Geschrei und Winken half nicht**
all the shouting and waving didn't help

**so überquerte Nunez den Bach über eine kleine Brücke**
so Nunez crossed the stream by a little bridge
**Er kam durch ein Tor in der Mauer**
he came through a gate in the wall
**und er wandte sich direkt an sie**
and he approached them directly
**Er war sich sicher, dass sie blind waren**
he was sure that they were blind
**Er war sich sicher, dass dies das Land der Blinden war**
he was sure that this was the Country of the Blind
**das Land, von dem die Legenden erzählten**
the country of which the legends told
**Er hatte einen Sinn für große Abenteuer**
he had a sense of great adventure

**Die drei standen Seite an Seite**
The three stood side by side
**aber sie sahen ihn nicht an**
but they did not look at him
**Ihre Ohren waren jedoch auf ihn gerichtet**
however, their ears were directed towards him
**Sie beurteilten ihn nach seinen ungewohnten Schritten**
they judged him by his unfamiliar steps
**Sie standen dicht beieinander, wie Männer, die sich ein wenig fürchten**
They stood close together, like men a little afraid
**und er konnte sehen, dass ihre Augenlider geschlossen und eingesunken waren**
and he could see their eyelids were closed and sunken
**als ob die Kugeln darunter zusammengeschrumpft wären**
as though the very balls beneath had shrunk away
**Auf ihren Gesichtern lag ein Ausdruck der Ehrfurcht**

There was an expression near awe on their faces
**"Ein Mann", sagte einer zu den anderen**
"A man," one said to the others
**Nunez erkannte die Spanier kaum**
Nunez hardly recognized the Spanish
**"Ein Mann ist es. Oder es ist ein Geist"**
"A man it is. Or it a spirit"
**"Er ist von den Felsen herabgekommen"**
"he come down from the rocks"
**Nunez kam mit den selbstbewussten Schritten voran**
Nunez advanced with the confident steps
**wie ein Jüngling, der ins Leben eintritt**
like a youth who enters upon life
**All die alten Geschichten aus dem verlorenen Tal**
All the old stories of the lost valley
**alle Geschichten aus dem Land der Blinden**
all the stories of the Country of the Blind
**Es kam ihm alles wieder in den Sinn**
it all come back to his mind
**und durch seine Gedanken lief ein altes Sprichwort**
and through his thoughts ran an old proverb
**"Im Land der Blinden..."**
"In the Country of the Blind..."
**"... der Einäugige ist König"**
"...the One-Eyed Man is King"
**"Im Land der Blinden ist der Einäugige König"**
"In the Country of the Blind the One-Eyed Man is King"
**Sehr höflich grüßte er sie**
very civilly he gave them greeting
**Er sprach mit ihnen und benutzte seine Augen**
He talked to them and used his eyes
**"Woher kommt er, Bruder Pedro?" fragte einer**
"Where does he come from, brother Pedro?" asked one

"**Aus den Felsen**"
"from out of the rocks"
"**Ich komme von jenseits der Berge**", sagte Nunez
"I come from over the mountains," said Nunez
"**Ich komme aus dem Land, wo die Menschen sehen können**"
"I'm from the country where where men can see"
"**Ich komme aus einem Ort in der Nähe von Bogota**"
"I'm from a place near Bogota"
"**Da sind Hunderttausende von Menschen**"
"there there are hundreds of thousands of people"
"**Die Stadt ist so groß, dass sie über den Horizont hinausgeht**"
"the city is so big it goes over the horizon"
"**Siehst du?**" murmelte Pedro
"Sight?" muttered Pedro
"**Er kommt aus den Felsen!**" sagte der zweite Blinde
"He comes out of the rocks," said the second blind man
**Der Stoff ihrer Mäntel war merkwürdig geformt**
The cloth of their coats was curiously fashioned
**Jeder Aufnäher war mit einer anderen Art von Nähten versehen**
each patch was of a different sort of stitching
**Sie erschreckten ihn durch eine gleichzeitige Bewegung auf ihn zu**
They startled him by a simultaneous movement towards him
**Jeder von ihnen hatte seine Hand ausgestreckt**
each of them had his hand outstretched
**Er wich vor dem Vormarsch dieser gespreizten Finger zurück**
He stepped back from the advance of these spread fingers

**"Komm her!" sagte der dritte Blinde**
"Come hither," said the third blind man
**und er folgte Nunez' Bewegung**
and he followed Nunez' motion
**Er hatte ihn schnell im Griff**
he quickly had hold of him
**sie hielten Nunez fest und fühlten ihn ab**
they held Nunez and felt him over
**Sie sagten kein Wort weiter, bis sie fertig waren**
they said no word further until they were done
**"Vorsicht!" rief er mit dem Finger im Auge**
"Careful!" he exclaimed, with a finger in his eye
**Sie hatten ein seltsames Organ bei ihm gefunden**
they had found a strange organ on him
**"Es hat flatternde Haut"**
"it has fluttering skin"
**"Es ist in der Tat sehr seltsam"**
"it is very strange indeed"
**Sie gingen es noch einmal durch**
They went over it again
**"Ein seltsames Geschöpf, Correa", sagte der, der Pedro hieß**
"A strange creature, Correa," said the one called Pedro
**"Spüre die Rauheit seines Haares"**
"Feel the coarseness of his hair"
**"Es ist wie das Haar eines Lamas"**
"it's like a llama's hair"
**"Rau ist er wie die Felsen, die ihn gezeugt haben", sagte Correa**
"Rough he is as the rocks that begot him," said Correa
**und er untersuchte Nunez' unrasiertes Kinn**
and he investigated Nunez's unshaven chin
**Seine Hände waren weich und leicht feucht**

his hands were soft and slightly moist
**"Vielleicht wird er feiner"**
"Perhaps he will grow finer"
**Nunez versuchte, sich von ihrer Untersuchung zu befreien**
Nunez tried to free himself from their examination
**aber sie hatten ihn fest im Griff**
but they had a firm grip on him
**"Vorsicht," sagte er wieder, "er spricht."**
"Careful," he said again "he speaks"
**"Wir können sicher sein, dass er ein Mann ist"**
"we can be sure that he is a man"
**"Pfui!" sagte Pedro über die Rauheit seines Mantels**
"Ugh!" said Pedro, at the roughness of his coat
**"Und du bist auf die Welt gekommen?" fragte Pedro**
"And you have come into the world?" asked Pedro
**"Ich komme von der Welt da draußen"**
"I come from the world out there"
**"Ich komme von über Berge und Gletscher"**
"I come from over mountains and glaciers"
**"Es ist auf halbem Weg zur Sonne"**
"it is half-way to the sun"
**"Aus der großen, großen Welt, die untergeht"**
"Out of the great, big world that goes down"
**"Zwölf Tage Reise ans Meer"**
"twelve days' journey to the sea"
**Sie schienen ihn kaum zu beachten**
They scarcely seemed to heed him
**"Unsere Väter haben uns von solchen Dingen erzählt"**
"Our fathers have told us of such things"
**"Menschen können durch die Kräfte der Natur geschaffen werden", sagte Correa**
"men may be made by the forces of Nature," said Correa

**"Laßt uns ihn zu den Ältesten führen", sagte Pedro**
"Let us lead him to the elders," said Pedro
**"Zuerst schreien", sagte Correa**
"Shout first," said Correa
**"Die Kinder könnten Angst haben"**
"the children might be afraid"
**"Das ist ein wunderbarer Anlass"**
"This is a marvellous occasion"
**Da riefen sie den anderen zu**
So they shouted to the others
**Pedro nahm Nunez bei der Hand**
Pedro took Nunez by the hand
**und er führte ihn zu den Häusern**
and he lead him to the houses
**Er zog seine Hand weg**
He drew his hand away
**"Ich kann sehen", sagte er**
"I can see," he said
**"Zu sehen?" fragte Correa**
"to see?" said Correa
**"Ja, ich kann mit meinen Augen sehen", sagte Nunez**
"Yes, I can see with my eyes," said Nunez
**und er wandte sich ihm zu**
and he turned towards him
**aber er stolperte gegen Pedros Eimer**
but he stumbled against Pedro's pail
**"Seine Sinne sind noch unvollkommen", sagte der dritte Blinde**
"His senses are still imperfect," said the third blind man
**"Er stolpert und redet bedeutungslose Worte"**
"He stumbles, and talks unmeaning words"
**"Führe ihn an der Hand"**
"Lead him by the hand"

"Wie du willst", sagte Nunez
"As you will" said Nunez
und er wurde mitgeführt
and he was led along
Aber er musste über die Situation lachen
but he had to laugh at the situation
Es schien, als wüssten sie nichts vom Sehen
it seemed they knew nothing of sight
"Ich werde es ihnen noch früh genug beibringen", dachte er bei sich
"I will teach them soon enough," he thought to himself

Er hörte die Leute schreien
He heard people shouting
und er sah, wie sich eine Anzahl von Gestalten versammelte
and he saw a number of figures gathering together
Er sah sie auf der mittleren Straße des Dorfes
he saw them in the middle roadway of the village
All das strapazierte seine Nerven und seine Geduld
all of it taxed his nerve and patience
Es waren mehr, als er erwartet hatte
there were more than he had anticipated
Dies war die erste Begegnung mit der Bevölkerung
this was the first encounter with the population
die Menschen aus dem Land der Blinden
the people from the Country of the Blind
Der Ort schien größer zu sein, als er sich ihm näherte
The place seemed larger as he drew near to it
und die verschmierten Putze wurden noch seltsamer
and the smeared plasterings became even queerer
Eine Schar von Kindern, Männern und Frauen umringte ihn

a crowd of children and men and women came around him
**Sie alle versuchten, ihn festzuhalten**
they all tried to hold on to him
**Sie berührten ihn mit ihren weichen, sensiblen Händen**
they touched him with their soft and sensitive hands
**Es überrascht nicht, dass sie auch an ihm rochen**
not surprisingly, they smelled at him too
**und sie lauschten auf jedes Wort, das er sprach**
and they listened at every word he spoke
**Einige der Frauen und Mädchen hatten ganz süße Gesichter**
some of the women and girls had quite sweet faces
**auch wenn ihre Augen geschlossen und eingesunken waren**
even though their eyes were shut and sunken
**Er dachte, das würde seinen Aufenthalt angenehmer machen**
he thought this would make his stay more pleasant
**Einige der Mädchen und Kinder hielten sich jedoch fern**
However, some of the maidens and children kept aloof
**sie schienen sich vor ihm zu fürchten**
they seemed to be afraid of him
**Seine Stimme wirkte rau und grob neben ihren sanfteren Tönen**
his voice seemed coarse and rude beside their softer notes
**Es ist vernünftig zu sagen, dass die Menge ihn angepöbelt hat**
it is reasonable to say the crowd mobbed him
**aber seine drei Führer blieben dicht bei ihm**

but his three guides kept close to him
**Sie hatten einen gewissen Stolz und Besitz in ihn übernommen**
they had taken some pride and ownership in him
**immer wieder sagten sie: "Ein wilder Mann aus den Felsen"**
again and again they said, "A wild man out of the rocks"
**"Bogota", sagte er, "über die Bergkämme"**
"Bogota," he said, "Over the mountain crests"
**"Ein wilder Mann, der wilde Worte benutzt", sagte Pedro**
"A wild man using wild words," said Pedro
**"Hast du das gehört, Bogota?"**
"Did you hear that, Bogota?"
**"Sein Verstand hat sich noch kaum gebildet"**
"His mind has hardly formed yet"
**"Er hat nur die Anfänge der Sprache"**
"He has only the beginnings of speech"
**Ein kleiner Junge knabberte an seiner Hand**
A little boy nipped his hand
**"Bogota!" sagte er spöttisch**
"Bogota!" he said mockingly
**"Ja! Eine Stadt für dein Dorf"**
"Aye! A city to your village"
**"Ich komme aus der großen Welt"**
"I come from the great world"
**"Die Welt, in der die Menschen Augen haben und sehen"**
"the world where men have eyes and see"
**"Sein Name ist Bogota", sagten sie**
"His name's Bogota," they said
**"Er ist gestolpert", sagte Correa**
"He stumbled," said Correa

"Er stolperte zweimal, als wir hierher kamen"
"he stumbled twice as we came hither"
"Bringt ihn zu den Ältesten"
"bring him in to the elders"
Und sie stießen ihn durch eine Tür
And they thrust him through a doorway

Er befand sich in einem pechschwarzen Raum
he found himself in a room as black as pitch
Doch langsam gewöhnten sich seine Augen an die Dunkelheit
but slowly his eyes adjusted to the darkness
Am anderen Ende loderte schwach ein Feuer
at the far end a fire faintly glowed
Die Menge drängte sich hinter ihm
The crowd closed in behind him
und sie sperrten jegliches Licht aus, das von außen hätte kommen können
and they shut out any light that could have come from outside
Bevor er sich zurückhalten konnte, war er gestürzt
before he could stop himself he had fallen
Er fiel direkt in den Schoß eines sitzenden Mannes
he fell right into the lap of a seated man
und sein Arm schlug auf das Gesicht eines anderen
and his arm struck the face of someone else
Er spürte die sanfte Wirkung von Gesichtszügen
he felt the soft impact of features
und er hörte einen Schrei des Zorns
and he heard a cry of anger
Einen Augenblick lang kämpfte er gegen eine Reihe von Händen
for a moment he struggled against a number of hands

**Alle umklammerten ihn**
all of them were clutching him
**Aber es war ein einseitiger Kampf**
but it was a one-sided fight
**Eine Ahnung von der Situation kam ihm**
An inkling of the situation came to him
**und er beschloß, still zu sein**
and he decided to lay quiet
**"Ich bin hingefallen", sagte er**
"I fell down," he said
**"Ich konnte in dieser stockfinsteren Dunkelheit nicht sehen"**
"I couldn't see in this pitchy darkness"
**Es gab eine Pause bei dem, was er gesagt hatte**
There was a pause at what he had said
**Er spürte, wie unsichtbare Personen versuchten, seine Worte zu verstehen**
he felt unseen persons trying to understand his words
**Dann hörte er die Stimme von Correa**
Then he heard the voice of Correa
**"Er ist nur neu gebildet"**
"He is but newly formed"
**"Er stolpert beim Gehen"**
"He stumbles as he walks"
**"Und seine Rede vermischt Worte, die nichts bedeuten"**
"and his speech mingles words that mean nothing"
**Andere sagten auch Dinge über ihn**
Others also said things about him
**Sie alle bestätigten, dass sie ihn nicht ganz verstehen konnten**
they all confirmed they could not perfectly understand him
**"Darf ich mich aufsetzen?", fragte er in einer Pause**

"May I sit up?" he asked during a pause
**"Ich werde nicht mehr gegen dich kämpfen"**
"I will not struggle against you again"
**Die Ältesten berieten sich und ließen ihn aufstehen**
the elders consulted, and let him rise
**Die Stimme eines älteren Mannes begann ihn zu befragen**
The voice of an older man began to question him
**Wieder versuchte Nunez, die Welt zu erklären**
again, Nunez found himself trying to explain the world
**die große Welt, aus der er gefallen war**
the great world out of which he had fallen
**Er erzählte ihnen vom Himmel und von den Bergen**
he told them of the sky and mountains
**und er versuchte, andere solche Wunder zu vermitteln**
and he tried to convey other such marvels
**aber die Ältesten saßen in Finsternis**
but the elders sat in darkness
**und sie kannten das Land der Blinden nicht**
and they did not know of the Country of the Blind
**wenn er nur diesen Ältesten zeigen könnte,**
if only he could show these elders
**aber sie glaubten und verstanden nichts**
but they believed and understood nothing
**Was auch immer er ihnen erzählte, stiftete Verwirrung**
whatever he told them created confusion
**Es war alles weit außerhalb seiner Erwartungen**
it was all quite outside his expectations
**Sie verstanden viele seiner Worte nicht**
They did not understand many of his words

**Seit Generationen waren diese Menschen blind**
For generations these people had been blind

**und sie waren von der ganzen sehenden Welt abgeschnitten worden**
and they had been cut off from all the seeing world
**Die Namen für alle Dinge des Sehens waren verblasst und hatten sich verändert**
the names for all the things of sight had faded and changed
**Die Geschichte der äußeren Welt war zu einer Geschichte geworden**
the story of the outer world had become a story
**Seine Welt war nur etwas, das die Leute ihren Kindern erzählten**
his world was just something people told their children
**und sie hatten aufgehört, sich darum zu kümmern**
and they had ceased to concern themselves with it
**Das einzige, was von Interesse war, war innerhalb der felsigen Hänge**
the only thing of interest was inside the rocky slopes
**sie lebten nur in ihrer umlaufenden Mauer**
they lived only in their circling wall
**Blinde Männer von Genie waren unter ihnen aufgetaucht**
Blind men of genius had arisen among them
**Sie hatten den alten Glauben und die alten Traditionen in Frage gestellt**
they had questioned the old believes and traditions
**und sie hatten all diese Dinge als eitle Einbildungen abgetan**
and they had dismissed all these things as idle fancies
**Sie ersetzten sie durch neue und vernünftigere Erklärungen**
they replaced them with new and saner explanations
**Ein Großteil ihrer Phantasie war mit ihren Augen**

**zusammengeschrumpft**
Much of their imagination had shrivelled with their eyes
**ihre Ohren und Fingerspitzen waren immer empfindlicher geworden**
their ears and finger-tips had gotten ever more sensitive
**und mit diesen hatten sie sich neue Phantasien gemacht**
and with these they had made themselves new imaginations

**Langsam erkannte Nunez die Situation, in der er sich befand**
Slowly Nunez realised the situation he was in
**Er konnte keine Ehrfurcht vor seiner Herkunft erwarten**
he could not expect any reverence for his origin
**Seine Gaben waren nicht so nützlich, wie er dachte**
his gifts were not as useful as he thought
**Es würde nicht einfach sein, das Sehen zu erklären**
explaining sight was not going to be easy
**Seine Versuche waren ziemlich zusammenhangslos gewesen**
his attempts had been quite incoherent
**Er war von seiner anfänglichen Aufregung entleert**
he was deflated from his initial excitement
**und er ließ sich darauf ein, auf ihre Unterweisung zu hören**
and he subsided into listening to their instruction
**Der älteste der Blinden erklärte ihm das Leben**
the eldest of the blind men explained to him life
**Er erklärte ihm Philosophie und Religion**
he explained to him philosophy and religion
**Er beschrieb die Ursprünge der Welt**

he described the origins of the world
**(damit meinte er natürlich das Tal)**
(by this of course he meant the valley)
**Zuerst war es eine leere Mulde in den Felsen gewesen**
first it had been an empty hollow in the rocks
**Zuerst kamen unbelebte Dinge ohne die Gabe der Berührung**
first came inanimate things without the gift of touch
**Dann kamen Lamas und andere Kreaturen von geringem Verstand**
then came llamas and other creatures of little sense
**Als alles an Ort und Stelle war, kamen die Männer**
when all had been put in place, men came
**und schließlich kamen Engel auf die Welt**
and finally angels came to the world
**Man hörte die Engel singen und flatternde Geräusche von sich geben**
one could hear the angels singing and making fluttering sounds
**aber es war unmöglich, sie zu berühren**
but it was impossible to touch them
**Diese Erklärung verwirrte Nunez zunächst sehr**
this explanation first puzzled Nunez greatly
**Aber dann dachte er an die Vögel**
but then he thought of the birds
**Er fuhr fort, Nunez zu erzählen, wie die Zeit aufgeteilt worden war**
He went on to tell Nunez how time had been divided
**Es gab die warme Zeit und die kalte Zeit**
there was the warm time and the cold time
**Natürlich sind dies die blinden Entsprechungen von Tag und Nacht**
of course these are the blind equivalents of day and

night
**Er erzählte, wie gut es war, im Warmen zu schlafen**
he told how it was good to sleep in the warm
**Er erklärte, dass es besser sei, während der Kälte zu arbeiten**
he explained how it was better to work during the cold
**Normalerweise hätte jetzt die ganze Blindenstadt geschlafen**
normally the whole town of the blind would now have been asleep
**Aber dieses besondere Ereignis hielt sie auf Trab**
but this special event kept them up
**Er sagte, Nunez müsse speziell geschaffen worden sein, um zu lernen**
He said Nunez must have been specially created to learn
**und er war da, um der Weisheit zu dienen, die sie erworben hatten**
and he was there to serve the wisdom they had acquired
**Seine geistige Inkohärenz wurde vorerst ignoriert**
his mental incoherency was ignored, for the time being
**und man verzieh ihm sein stolperndes Verhalten**
and he was forgiven for his stumbling behaviour
**Ihm wurde gesagt, er solle in dieser Welt Mut haben**
he was told to have courage in this world
**und ihm wurde gesagt, er solle sein Bestes tun, um zu lernen**
and he was told to do his best to learn
**Alle Leute in der Tür murmelten aufmunternd**
all the people in the doorway murmured encouragingly
**Er sagte, die Nacht sei weit vorüber**
He said the night was far gone
**(Die Blinden nennen ihren Tag Nacht)**
(the blind call their day night)

**Also ermutigte er alle, wieder schlafen zu gehen**
so he encouraged everyone to go back to sleep

**Er fragte Nunez, ob er wisse, wie man schläft**
He asked Nunez if he knew how to sleep
**Nunez sagte, er wisse, wie man schläft**
Nunez said he did know how to sleep
**aber dass er vor dem Schlafengehen etwas zu essen wollte**
but that before sleep he wanted food
**Sie brachten ihm etwas von ihrem Essen**
They brought him some of their food
**Lamamilch in einer Schüssel und grob gesalzenes Brot**
llama's milk in a bowl and rough salted bread
**und sie führten ihn an einen einsamen Ort**
and they led him into a lonely place
**damit er aus ihrem Gehör essen konnte**
so that he could eat out of their hearing
**Danach durfte er schlummern**
afterwards he was allowed to slumber
**bis die Kälte des Bergabends sie aufweckte**
until the chill of the mountain evening roused them
**und dann würden sie ihren Tag wieder beginnen**
and then they would begin their day again
**Aber Nunez schlummerte keineswegs**
But Nunez slumbered not at all
**Stattdessen setzte er sich an der Stelle auf, an der sie ihn zurückgelassen hatten**
Instead, he sat up in the place where they had left him
**Er ruhte seine Glieder aus, die noch vom Sturz wund waren**
he rested his limbs, still sore from the fall
**und er drehte alles immer und immer wieder in seinem**

**Kopf um**
and he turned everything over and over in his mind
**die unvorhergesehenen Umstände seiner Ankunft**
the unanticipated circumstances of his arrival
**Hin und wieder lachte er**
Every now and then he laughed
**manchmal mit Belustigung, manchmal mit Empörung**
sometimes with amusement, and sometimes with indignation
**"Ungeformter Geist!" sagte er, "Ich habe noch keine Sinne!"**
"Unformed mind!" he said, "Got no senses yet!"
**"Sie wissen nicht, was sie sagen!"**
"little do they know what they're saying!"
**"Sie haben ihren vom Himmel gesandten König und Meister beleidigt"**
"they've been insulting their Heaven-sent King and master"
**"Ich sehe, ich muss sie zur Vernunft bringen"**
"I see I must bring them to reason"
**"Lass mich darüber nachdenken..."**
"Let me think about this..."
**Er dachte immer noch nach, als die Sonne unterging**
He was still thinking when the sun set

**Nunez hatte ein Auge für alle schönen Dinge**
Nunez had an eye for all beautiful things
**Er sah das Leuchten auf den Schneefeldern und Gletschern**
he saw the glow upon the snow-fields and glaciers
**auf den Bergen, die sich rings um das Tal von allen Seiten erhoben**
on the mountains that rose about the valley on every

side
**Es war das Schönste, was er je gesehen hatte**
it was the most beautiful thing he had ever seen
**Sein Blick schweifte über die unerreichbare Herrlichkeit des Dorfes**
His eyes went over the inaccessible glory to the village
**Er blickte über die bewässerten Felder, die in der Dämmerung versanken**
he looked over irrigated fields sinking into the twilight
**Plötzlich überkam ihn eine Welle der Emotion**
suddenly a wave of emotion hit him
**er dankte Gott von ganzem Herzen**
he thanked God from the bottom of his heart
**"Danke für die Sehkraft, die du mir gegeben hast"**
"thank you for the power of sight you have given me"

**Er hörte eine Stimme, die nach ihm rief**
He heard a voice calling to him
**Es kam aus dem Dorf**
it was coming from the village
**"ahoi-hoi, Bogota! Komm her!"**
"ahoi-hoi, Bogota! Come hither!"
**Darauf stand er auf und lächelte**
At that he stood up, smiling
**Er würde es diesen Leuten ein für alle Mal zeigen!**
He would show these people once and for all!
**"Sie werden lernen, was das Sehen für einen Menschen tun kann!"**
"they will learn what sight can do for a man!"
**"Ich werde sie dazu bringen, mich zu suchen"**
"I shall make them seek me"
**"Aber sie werden mich nicht finden können"**
"but they shall not be able to find me"

"Du bewegst dich nicht, Bogota", sagte die Stimme
"You move not, Bogota," said the voice
Er lachte, ohne einen Laut zu machen
at this he laughed, without making a noise
Er machte zwei verstohlene Schritte vom Pfad entfernt
he made two stealthy steps from the path
"Trample nicht auf dem Gras, Bogota"
"Trample not on the grass, Bogota"
"Abseits des Weges ist nicht erlaubt"
"wondering off the path is not allowed"
Nunez hatte das Geräusch, das er selbst von sich gab, kaum gehört
Nunez had scarcely heard the sound he made himself
Er blieb erstaunt stehen, wo er war
He stopped where he was, amazed
Der Besitzer der Stimme kam den Pfad heraufgelaufen
the owner of the voice came running up the path
und er trat in den Pfad zurück
and he stepped back into the pathway
"Hier bin ich", sagte er
"Here I am," he said
der Blinde war von Nunez' Eskapaden nicht beeindruckt
the blind man was not impressed with Nunez's antics
"Warum bist du nicht gekommen, als ich dich gerufen habe?"
"Why did you not come when I called you?"
"Musst du wie ein Kind geführt werden?"
"Must you be led like a child?"
"Kannst du den Pfad nicht hören, während du gehst?"
"Cannot you hear the path as you walk?"
Nunez lachte über die lächerlichen Fragen
Nunez laughed at the ridiculous questions

"Ich kann es sehen", sagte er
"I can see it," he said
**Der Blinde hielt einen Augenblick inne**
the blind man paused for a moment
**"Es gibt kein Wort wie sehen"**
"There is no such word as see"
**"Hört auf mit dieser Torheit und folgt dem Klang meiner Füße"**
"Cease this folly and follow the sound of my feet"
**Nunez folgte dem Blinden, ein wenig verärgert**
Nunez followed the blind man, a little annoyed
**"Meine Zeit wird kommen", sagte er zu sich selbst**
"My time will come," he said to himself
**"Du wirst es lernen", antwortete der Blinde**
"You'll learn," the blind man answered
**"Es gibt viel zu lernen in der Welt"**
"There is much to learn in the world"
**"Hat es dir niemand gesagt?" fragte Nunez**
"Has no one told you?" asked Nunez
**"Im Land der Blinden ist der Einäugige König"**
"In the Country of the Blind the One-Eyed Man is King"
**"Was ist blind?" fragte der Blinde über die Schulter**
"What is blind?" asked the blind man, over his shoulder

**Inzwischen waren vier Tage vergangen**
by now four days had passed
**Auch am fünften Tag hatte sich nichts geändert**
even on the fifth day nothing had changed
**der König der Blinden war noch inkognito**
the King of the Blind was still incognito
**Er war immer noch ein ungeschickter und nutzloser Fremder unter seinen Untertanen**
he was still a clumsy and useless stranger among his

subjects
**Er fand das alles viel schwieriger, als er dachte**
he found it all much more difficult than he thought
**Wie konnte er sich diesen Blinden zum König verkünden?**
how could he proclaim himself king to these blind people??
**Er musste über seinen Staatsstreich nachdenken**
he was left to meditated his coup d'etat
**In der Zwischenzeit tat er, was ihm gesagt wurde**
in the meantime he did what he was told
**er lernte die Sitten und Gebräuche des Landes der Blinden kennen**
he learnt the manners and customs of the Country of the Blind
**Die nächtliche Arbeit fand er besonders lästig**
working at night he found particularly irksome
**Das war das erste, was er änderte**
this was going to be the first thing he changed
**Sie führten ein einfaches und mühsames Leben**
They led a simple and laborious life
**aber sie hatten alle Elemente der Tugend und des Glücks**
but they had all the elements of virtue and happiness
**Sie mühten sich, aber nicht bedrückend**
They toiled, but not oppressively
**Sie hatten Nahrung und Kleidung, die für ihre Bedürfnisse ausreichten**
they had food and clothing sufficient for their needs
**Sie hatten Tage und Jahreszeiten der Ruhe**
they had days and seasons of rest
**Sie genossen Musik und Gesang**
they enjoyed music and singing

**Es war Liebe unter ihnen**
there was love among them
**und es waren kleine Kinder da**
and there were little children
**Es war wunderbar, ihr Selbstvertrauen und ihre Präzision zu sehen**
It was marvellous to see their confidence and precision
**Sie gingen effizient durch ihre geordnete Welt**
they went about their ordered world efficiently
**Alles war auf ihre Bedürfnisse zugeschnitten**
Everything had been made to fit their needs
**Jeder Pfad hatte einen konstanten Winkel zueinander**
each paths had a constant angle to the other
**Jeder Bordstein zeichnete sich durch eine spezielle Kerbe aus**
each kerb was distinguished by a special notch
**Alle Hindernisse und Unregelmäßigkeiten waren aus dem Weg geräumt**
all obstacles and irregularities had been cleared away
**Alle ihre Methoden ergaben sich auf natürliche Weise aus ihren speziellen Bedürfnissen**
all their methods arose naturally from their special needs
**und ihre Verfahren passten zu ihren Fähigkeiten**
and their procedures made sense to their abilities
**ihre Sinne waren wunderbar scharf geworden**
their senses had become marvellously acute
**Sie konnten die kleinste Geste hören und beurteilen**
they could hear and judge the slightest gesture
**auch wenn der Mann ein Dutzend Schritte entfernt war**
even if the man was a dozen paces away
**Sie konnten den Schlag seines Herzens hören**
they could hear the very beating of his heart

**Intonation und Berührung hatten längst Ausdruck und Gestik ersetzt**
Intonation and touch had long replaced expression and gesture
**Sie waren geschickt mit Hacke und Spaten**
they were handy with the hoe and spade
**und sie bewegten sich so frei und selbstbewusst wie jeder Gärtner**
and they moved as free and confident as any gardener
**Ihr Geruchssinn war außerordentlich gut**
Their sense of smell was extraordinarily fine
**Sie könnten individuelle Unterschiede so schnell unterscheiden wie ein Hund**
they could distinguish individual differences as quickly as a dog can
**und sie gingen mit Leichtigkeit und Zuversicht an die Pflege der Lamas**
and they went about the tending of llamas with ease and confidence

**eines Tages versuchte Nunez, sich zu behaupten**
a day came Nunez sought to assert himself
**Aber er merkte schnell, dass er unterschätzt wurde**
but he quickly realized his underestimation
**Und er lernte, wie selbstbewusst ihre Bewegungen sein konnten**
and he learned how confident their movements could be
**Er rebellierte erst, nachdem er versucht hatte, ihn zu überreden**
he rebelled only after he had tried persuasion
**Bei mehreren Gelegenheiten hatte er versucht, ihnen das Sehen zu erzählen**
on several occasions he had tried to tell them of sight

"Schaut her, ihr Leute", sagte er
"Look you here, you people," he said
"Es gibt Dinge, die ihr an mir nicht versteht"
"There are things you people do not understand in me"
Ein- oder zweimal hörten ihm ein oder zwei von ihnen zu
Once or twice one or two of them listened to him
Sie saßen mit niedergeschlagenen Gesichtern da
they sat with their faces downcast
ihre Ohren waren intelligent auf ihn gerichtet
their ears were turned intelligently towards him
und er tat sein Bestes, um ihnen zu sagen, was es zu sehen gab
and he did his best to tell them what it was to see
Unter seinen Zuhörern befand sich auch ein Mädchen
Among his hearers was a girl
Ihre Augenlider waren weniger rot und eingesunken
her eyelids were less red and sunken
Man könnte fast meinen, sie verstecke die Augen
one could almost imagine she was hiding eyes
Er hoffte besonders, sie überreden zu können
he especially hoped to persuade her
Er sprach von den Schönheiten des Sehens
He spoke of the beauties of sight
Er sprach davon, die Berge zu beobachten
he spoke of watching the mountains
Er erzählte ihnen vom Himmel und vom Sonnenaufgang
he told them of the sky and the sunrise
und sie hörten ihn mit amüsierter Ungläubigkeit
and they heard him with amused incredulity
Aber das wurde schließlich verurteilend
but that eventually became condemnatory

**Sie sagten ihm, es gäbe überhaupt keine Berge**
They told him there were no mountains at all
**Sie sagten ihm, dass nur die Lamas zu den Felsen gehen**
they told him only the llamas go to the rocks
**Dort am Rand grasen sie ihr Gras ab**
they graze their grass there at the edge
**Und das ist das Ende der Welt**
and that is the end of the world
**Von dort aus erhebt sich das Dach über dem Universum**
from there the roof rises over the universe
**Nur der Tau und die Lawinen fielen von dort**
only the dew and the avalanches fell from there
**Er behauptete standhaft, die Welt habe weder Ende noch Dach**
he maintained stoutly the world had neither end nor roof
**Alles, was sie über die Welt dachten, sei falsch, sagte er ihnen**
everything they thought about the world was wrong, he told them
**aber sie sagten, seine Gedanken seien böse**
but they said his thoughts were wicked
**Seine Beschreibungen des Himmels, der Wolken und der Sterne waren ihnen abscheulich**
his descriptions of sky and clouds and stars were hideous to them
**eine schreckliche Leere an der Stelle des glatten Daches der Welt**
a terrible blankness in the place of the smooth roof of the world
**Es war ein Glaubensartikel für sie**

it was an article of faith with them
**Sie glaubten, dass sich das Höhlendach exquisit glatt anfühlte**
they believed the cavern roof was exquisitely smooth to the touch
**Er sah, dass er sie auf irgendeine Weise schockierte**
he saw that in some manner he shocked them
**und er gab diesen Aspekt der Sache ganz auf**
and he gave up that aspect of the matter altogether
**Stattdessen versuchte er, ihnen den praktischen Wert des Sehens zu zeigen**
instead, he tried to show them the practical value of sight

**Eines Morgens sah er Pedro auf dem Pfad Siebzehn**
One morning he saw Pedro on path Seventeen
**Er kam auf die zentralen Häuser zu**
he was coming towards the central houses
**aber er war immer noch zu weit weg, um es zu hören oder zu riechen**
but he was still too far away for hearing or scent
**"In Kürze", prophezeite er, "wird Pedro hier sein."**
"In a little while," he prophesied, "Pedro will be here"
**Ein alter Mann bemerkte, dass Pedro auf dem Pfad Siebzehn nichts zu suchen habe**
An old man remarked that Pedro had no business on path Seventeen
**und dann, wie zur Bestätigung, wechselte Pedro den Weg**
and then, as if in confirmation, Pedro changed paths
**Mit flinken Schritten ging er auf die äußere Mauer zu**
with nimble paces he went towards the outer wall
**Sie verspotteten Nunez, als Pedro nicht ankam**

They mocked Nunez when Pedro did not arrive
**Er versuchte, seinen Charakter zu klären, indem er Pedro fragte**
he tried to clear his character by asking Pedro
**Pedro bestritt jedoch die Vorwürfe**
but Pedro denied the allegations
**und danach war er ihm feindlich gesinnt**
and afterwards he was hostile to him

**Dann überzeugte er sie, ihn gehen zu lassen**
Then he convinced them to let him go
**"Laß mich die abschüssigen Wiesen hinauf zur Mauer gehen"**
"let me go up the sloping meadows to the wall"
**"Lasst mich einen willigen Menschen mitnehmen"**
"let me take with me one willing individual"
**"Ich werde alles beschreiben, was in den Häusern geschieht"**
"I will describe all that is happening among the houses"
**Er notierte ein gewisses Kommen und Gehen**
He noted certain goings and comings
**Aber diese Dinge waren diesen Leuten nicht wichtig**
but these things were not important to these people
**Sie kümmerten sich um das, was in den fensterlosen Häusern geschah**
they cared for what happened inside the windowless houses
**von diesen Dingen konnte er weder sehen noch erzählen**
of those things he could neither see, nor tell
**Sein Versuch war wieder gescheitert**
his attempt had failed again
**sie konnten ihren Spott nicht unterdrücken**

they could not repress their ridicule
**und schließlich griff Nunez zur Gewalt**
and finally Nunez resorted to force
**Er dachte daran, einen Spaten zu ergreifen**
He thought of seizing a spade
**Er konnte einen oder zwei von ihnen auf die Erde schmettern**
he could smite one or two of them to earth
**Im fairen Kampf konnte er den Vorteil der Augen ausspielen**
in fair combat he could show the advantage of eyes
**Er ging mit diesem Entschluß so weit, daß er seinen Spaten ergriff**
He went so far with that resolution as to seize his spade
**Doch dann entdeckte er etwas Neues an sich**
but then he discovered a new thing about himself
**Es war ihm unmöglich, einen Blinden kaltblütig zu schlagen**
it was impossible for him to hit a blind man in cold blood
**Er hielt den Spaten in der Hand und zögerte einen Moment**
holding the spade, he hesitated for a moment
**Allen war bewusst geworden, dass er sich den Spaten geschnappt hatte**
all of them had become aware that he had snatched up the spade
**Sie standen wachsam, den Kopf zur Seite geneigt**
They stood alert, with their heads on one side
**Vorsichtig neigten sie ihre Ohren zu ihm**
they cautiously bent their ears towards him
**und sie warteten darauf, was er als nächstes tun würde**
and they waited for what he would do next

"Leg den Spaten hin", sagte einer
"Put that spade down," said one
und er fühlte eine Art hilflosen Entsetzens
and he felt a sort of helpless horror
Er konnte nicht zu ihrem Gehorsam kommen
he could not come to their obedience
Er stieß einen rückwärts gegen eine Hauswand
he thrust one backwards against a house wall
und er floh an ihm vorbei und aus dem Dorfe
and he fled past him, and out of the village
Er ging über eine ihrer Wiesen
he went over one of their meadows
Aber natürlich zertrampelte er das Gras hinter sich
but of course he trampled grass behind him
Er setzte sich an den Rand eines ihrer Wege
he sat down by the side of one of their ways
Er spürte etwas von dem Auftrieb in sich
he felt something of the buoyancy in him
Alle Menschen spüren es zu Beginn eines Kampfes
all men feel it in the beginning of a fight
aber er fühlte mehr Ratlosigkeit als alles andere
but he felt more perplexity than anything
Er fing an, etwas anderes über sich selbst zu erkennen
he began to realise something else about himself
Du kannst nicht glücklich mit Kreaturen kämpfen, die eine andere mentale Grundlage haben
you cannot fight happily with creatures of a different mental basis
In der Ferne sah er eine Anzahl Männer, die Spaten und Stöcke trugen
Far away he saw a number of men carrying spades and sticks
Sie kamen aus den Straßen und Häusern

they were coming out of the streets and houses
**Gemeinsam zogen sie eine Linie quer über die Wege**
together they made a line across the paths
**und sie kamen ihm entgegen**
and they line was coming towards him
**Sie kamen langsam voran und sprachen häufig miteinander**
They advanced slowly, speaking frequently to one another
**Immer wieder blieben sie stehen und schnupperten an der Luft**
again and again they stopped and sniff the air
**Als sie das zum ersten Mal taten, lachte Nunez**
The first time they did this Nunez laughed
**Aber danach lachte er nicht mehr**
But afterwards he did not laugh
**Einer fand seine Spur im Wiesengras**
One found his trail in the meadow grass
**Er kam gebückt und tastete sich an ihm entlang**
he came stooping and feeling his way along it
**Fünf Minuten lang beobachtete er die langsame Verlängerung der Linie**
For five minutes he watched the slow extension of the line
**Seine vage Neigung, sofort etwas zu tun, wurde hektisch**
his vague disposition to do something forthwith became frantic
**Er stand auf und ging auf die Wand zu**
He stood up and paced towards the wall
**Er drehte sich um und ging ein Stück zurück**
he turned, and went back a little way
**Sie standen alle in einem Halbmond, still und**

lauschend
they all stood in a crescent, still and listening
**Auch er blieb stehen und griff nach seinem Spaten**
He also stood still, gripping his spade
**Soll er sie angreifen?**
Should he attack them?
**Der Puls in seinen Ohren lief in einen Rhythmus:**
The pulse in his ears ran into a rhythm:
**"Im Land der Blinden ist der Einäugige König"**
"In the Country of the Blind the One-Eyed Man is King"
**"Im Land der Blinden ist der Einäugige König"**
"In the Country of the Blind the One-Eyed Man is King"
**"Im Land der Blinden ist der Einäugige König"**
"In the Country of the Blind the One-Eyed Man is King"
**Er blickte zurück auf die hohe, unerklimmbare Wand**
He looked back at the high and unclimbable wall
**und er blickte auf die herannahende Reihe der Suchenden**
and he looked at the approaching line of seekers
**Andere kamen jetzt auch aus der Häuserstraße**
others were now coming out of the street of houses too
**"Bogota!" rief einer, "wo bist du?"**
"Bogota!" called one, "Where are you?"
**Er umklammerte seinen Spaten noch fester**
He gripped his spade even tighter
**und er ging die Wiese hinab nach der Wohnstätte**
and he went down the meadow towards the place of habitations
**Wohin er sich bewegte, kamen sie auf ihn zu**
where he moved they converged upon him
**"Ich werde sie schlagen, wenn sie mich berühren", schwor er**
"I'll hit them if they touch me," he swore

**"Beim Himmel, ich werde es tun. Ich werde sie schlagen."**
"by Heaven, I will. I'll hit them"
**Er rief laut: "Seht her, ihr Leute!"**
He called aloud, "Look here you people"
**"Ich werde in diesem Tal tun, was ich will!"**
"I'm going to do what I like in this valley!"
**"Hörst du? Ich werde machen, was ich will."**
"Do you hear? I'm going to do what I like"
**"und ich werde gehen, wohin ich will"**
"and I will go where I like"
**Sie näherten sich ihm schnell**
They were moving in upon him quickly
**Sie tasteten nach allem, bewegten sich aber schnell**
they were groping at everything, yet moving rapidly
**Es war, als würde man den Bluff eines Blinden spielen**
It was like playing blind man's bluff
**aber allen wurden die Augen verbunden, bis auf einen**
but everyone was blindfolded except one
**"Ergreift ihn!" rief einer**
"Get hold of him!" cried one
**Er erkannte, dass eine Gruppe von Männern ihn umzingelt hatte**
He realized a group of men had surrounded him
**Plötzlich fühlte er, dass er aktiv und entschlossen sein musste**
suddenly he felt he must be active and resolute
**"Ihr versteht es nicht", rief er**
"You people don't understand," he cried
**Seine Stimme sollte groß und entschlossen sein**
his voice was meant to be great and resolute
**aber seine Stimme brach und hatte keine Kraft**
but his voice broke and carried no power

"Ihr seid alle blind und ich kann sehen"
"You are all blind and I can see"
"Lass mich in Ruhe!", versuchte er zu befehlen
"Leave me alone!" he tried to command
"Bogota! Legen Sie den Spaten nieder und kommen Sie vom Gras!"
"Bogota! Put down that spade and come off the grass!"
Der Orden war grotesk in seiner Vertrautheit
the order was grotesque in its familiarity
und es erzeugte einen Anflug von Zorn in ihm
and it produced a gust of anger in him
"Ich werde dir wehtun", sagte er und schluchzte vor Rührung
"I'll hurt you," he said, sobbing with emotion
"Beim Himmel, ich werde dir wehtun! Lass mich in Ruhe!"
"By Heaven, I'll hurt you! Leave me alone!"
Er begann zu rennen, ohne zu wissen, wohin er rennen sollte
He began to run without knowing where to run
Er rannte vor dem nächsten Blinden weg
He ran away from the nearest blind man
denn es war ein Graus, ihn zu schlagen
because it was a horror to hit him
Er machte einen Sprung, um aus ihren sich schließenden Reihen zu entkommen
He made a dash to escape from their closing ranks
An einer Stelle war der Spalt etwas größer
in one place the gap was a little wider
Die Männer an den Seiten erkannten schnell, was geschah
the men on the sides quickly perceived what was happening

**Sie eilten schnell herbei, um die Lücke zu schließen**
they quickly rushed in to close the gap
**Er sprang vor und sah, daß er erwischt werden würde**
He sprang forward, and saw he would be caught
**und schwupps! der Spaten hatte geschlagen**
and whoosh! the spade had struck
**Er spürte den leisen Schlag von Händen und Armen**
He felt the soft thud of hand and arm
**und der Mann war mit einem Schmerzensschrei niedergeschlagen**
and the man was down with a yell of pain
**und er war durch die Lücke**
and he was through the gap
**Er war wieder in der Nähe der Häuserstraße**
he was close to the street of houses again
**Die Blinden wirbelten mit Spaten und Pfählen**
the blind men were whirling their spades and stakes
**und sie rannten mit neuer Schnelligkeit**
and they were running with a new swiftness
**Er hörte gerade noch rechtzeitig Schritte hinter sich**
He heard steps behind him just in time
**Ein großer Mann eilte auf ihn zu**
a tall man was rushing towards him
**Er wischte mit dem Spaten bei seinem Geräusch**
he was swiping his spade at the sound of him
**Nunez verlor diesmal die Nerven**
Nuncz lost his nerve this time
**Er konnte keinen anderen Blinden schlagen**
he could not hit another blind man
**Er schleuderte seinen Spaten neben seinen Widersacher**
he hurled his spade next to his antagonist
**Der große Mann wirbelte herum, von wo aus er den**

**Lärm hörte**
the tall man whirled about from where he heard the noise
**und Nunez floh schreiend, als er einem anderen auswich**
and Nunez fled, yelling as he dodged another
**Zu diesem Zeitpunkt geriet er in Panik**
He was panic-stricken by this point
**Fast blindlings rannte er wütend hin und her**
almost blindly, he ran furiously to and fro
**Er wich aus, wenn es nicht nötig war, auszuweichen**
he dodged when there was no need to dodge
**In seiner Angst versuchte er, alle Seiten von sich auf einmal zu sehen**
in his anxiety he tried to see every side of him at once
**Einen Augenblick lang war er hingefallen**
for a moment he had fallen down
**Natürlich hörten die Anhänger seinen Sturz**
of course the followers heard his fall
**Er erhaschte einen flüchtigen Blick auf etwas in der umlaufenden Mauer**
he caught a glimpse of something in the circumferential wall
**eine kleine Lücke zwischen der Wand**
a little gap between the wall
**Er machte sich in wilder Eile auf den Weg**
he set off in a wild rush for it
**Er war über die Brücke gestolpert**
he had stumbled across the bridge
**und er kletterte ein wenig an den Felsen entlang**
and he clambered a little along the rocks
**Ein überraschtes junges Lama sprang außer Sichtweite**
a surprised young llama went leaping out of sight

**Und dann legte er sich nieder und schluchzte nach Atem**
and then he lay down, sobbing for breath
**Und so endete sein Staatsstreich**
And so his coup d'etat came to an end

**Er hielt sich außerhalb der Mauer des Tals der Blinden auf**
He stayed outside the wall of the valley of the blind
**Zwei Nächte und Tage lang war er ohne Nahrung und Obdach**
for two nights and days he was without food or shelter
**und er dachte über das Unerwartete nach**
and he meditated upon the unexpected
**Während dieser Meditationen wiederholte er sein Motto häufig**
During these meditations he repeated his motto frequently
**"Im Land der Blinden ist der Einäugige König"**
"In the Country of the Blind the One-Eyed Man is King"
**Er dachte vor allem an Möglichkeiten, diese Menschen zu besiegen**
He thought chiefly of ways of conquering these people
**und es wurde klar, dass kein praktikabler Weg möglich war**
and it grew clear that no practicable way was possible
**Er hatte keine Waffen mitgebracht**
He had brought no weapons with him
**und jetzt wäre es schwer, welche zu bekommen**
and now it would be hard to get any
**Seine zivilisierte Art hatte ihn nicht verlassen**
his civilized manner had not left him
**Es gab keine Möglichkeit, einen Blinden zu ermorden**

there was no way he could assassinate a blind man
**Wenn er das täte, könnte er natürlich die Bedingungen diktieren**
Of course, if he did that, he could dictate the terms
**Er könnte ihnen mit weiteren Attentaten drohen**
he could threaten them with further assassinations
**Aber früher oder später muss er schlafen!**
But, sooner or later he must sleep!
**Er versuchte, zwischen den Kiefern Nahrung zu finden**
He tried to find food among the pine trees
**In der Nacht fiel der Frost über das Tal**
at night the frost fell over the valley
**Um es sich bequem zu machen, schlief er unter Tannenzweigen**
to be comfortable he slept under pine boughs
**Er dachte darüber nach, ein Lama zu fangen, wenn er könnte**
he thought about catching a llama, if he could
**Vielleicht konnte er es mit einem Stein einschlagen**
perhaps he could hammer it with a stone
**und dann konnte er etwas davon essen**
and then he could eat some of it
**Aber die Lamas zweifelten an ihm**
But the llamas had doubt of him
**Sie betrachteten ihn mit mißtrauischen braunen Augen**
they regarded him with distrustful brown eyes
**und sie spuckten ihn an, als er sich näherte**
and they spat at him when he came near
**Am zweiten Tag überkam ihn die Furcht**
Fear came on him the second day
**Er wurde von Zitteranfällen ergriffen**
he was taken by fits of shivering
**Schließlich kroch er wieder die Wand hinunter**

Finally he crawled back down the wall
**und er kehrte in das Land der Blinden zurück**
and he went back into the Country of the Blind
**Er schrie, bis zwei Blinde zum Tor herauskamen**
he shouted until two blind men came out to the gate
**und er sprach mit ihm und verhandelte seine Bedingungen**
and he talked to him, negotiating his terms
**"Ich war verrückt geworden", sagte er**
"I had gone mad," he said
**"Aber ich war nur frisch gemacht"**
"But I was only newly made"
**Sie sagten, das sei besser**
They said that was better
**Er sagte ihnen, dass er jetzt klüger sei**
He told them he was wiser now
**und er bereute alles, was er getan hatte**
and he repented of all he had done
**Dann weinte er ohne Vorbehalt**
Then he wept without reserve
**denn er war jetzt sehr schwach und krank**
because he was very weak and ill now
**Sie nahmen das als ein günstiges Zeichen**
they took that as a favourable sign
**Sie fragten ihn, ob er immer noch glaube, sehen zu können**
They asked him if he still thought he could see
**"Nein", sagte er, "das war Torheit."**
"No," he said, "That was folly"
**"Das Wort bedeutet nichts, weniger als nichts!"**
"The word means nothing, less than nothing!"
**Sie fragten ihn, was über ihm liege**
They asked him what was overhead

"Etwa zehnmal zehnmal so groß wie ein Mann"
"About ten times ten the height of a man"
"Es gibt ein Dach über der Welt des Felsens"
"there is a roof above the world of rock"
"Es ist sehr, sehr glatt"
"it is very, very smooth"
"So glatt, so schön glatt"
"So smooth, so beautifully smooth"
Er brach wieder in hysterische Tränen aus
He burst again into hysterical tears
"Bevor du mich noch mehr fragst, gib mir etwas zu essen"
"Before you ask me any more, give me some food"
"Sonst sterbe ich!"
"or else I shall die!"
Er rechnete mit schlimmen Strafen
He expected dire punishments
Aber diese Blinden waren der Duldung fähig
but these blind people were capable of toleration
Seine Rebellion war nur ein weiterer Beweis für seine Idiotie
his rebellion was just more proof of his idiocy
Mehr Beweise für seine Minderwertigkeit brauchten sie kaum
they hardly needed more evidence for his inferiority
Zur Strafe wurde er ausgepeitscht
as a punishment he was whipped some
und sie setzten ihn ein, die schwerste Arbeit zu verrichten
and they appointed him to do the heaviest work
Nunez sah keine andere Möglichkeit, zu überleben
Nunez could see no other way of surviving
Also tat er unterwürfig, was ihm gesagt wurde

so he submissively did what he was told
**Er war einige Tage krank**
he was ill for some days
**und sie pflegten ihn freundlich**
and they nursed him kindly
**das verfeinerte seine Unterwerfung**
that refined his submission
**aber sie bestanden darauf, dass er im Dunkeln lag**
but they insisted on him lying in the dark
**Das war ein großes Elend für ihn**
that was a great misery to him
**Blinde Philosophen kamen und sprachen mit ihm**
blind philosophers came and talked to him
**Sie sprachen von der bösen Leichtfertigkeit seines Geistes**
they spoke of the wicked levity of his mind
**und sie erzählten die Schöpfungsgeschichte neu**
and they retold the story of creation
**Sie erklärten weiter, wie die Welt aufgebaut war**
they explained further how the world was structured
**und bald hatte Nunez Zweifel an dem, was er zu wissen glaubte**
and soon Nunez had doubts about what he thought he knew
**Vielleicht war er wirklich das Opfer einer Halluzination**
perhaps he really was the victim of hallucination

**und so wurde Nunez Bürger des Landes der Blinden**
and so Nunez became a citizen of the Country of the Blind
**und dieses Volk hörte auf, ein verallgemeinertes Volk zu sein**

and these people ceased to be a generalised people
**sie wurden für ihn zu Individualitäten**
they became individualities to him
**und sie wurden ihm vertraut**
and they grew familiar to him
**Die Welt jenseits der Berge verblasste langsam**
the world beyond the mountains slowly faded
**Mehr und mehr wurde es abgelegen und unwirklich**
more and more it became remote and unreal
**Da war Yacob, sein Meister**
There was Yacob, his master
**Er war ein freundlicher Mann, wenn er nicht verärgert war**
he was a kindly man when not annoyed
**da war Pedro, Yacobs Neffe**
there was Pedro, Yacob's nephew
**und da war Medina-sarote**
and there was Medina-sarote
**sie war die jüngste Tochter von Yacob**
she was the youngest daughter of Yacob
**Sie wurde in der Welt der Blinden wenig geschätzt**
she was little esteemed in the world of the blind
**weil sie ein klares Gesicht hatte**
because she had a clear-cut face
**und es fehlte ihr an befriedigender glänzender Glätte**
and she lacked any satisfying glossy smoothness
**Das ist das Ideal der weiblichen Schönheit des blinden Mannes**
these are the blind man's ideal of feminine beauty
**aber Nunez fand sie auf den ersten Blick schön**
but Nunez thought her beautiful at first sight
**Und nun war sie das Schönste auf der ganzen Welt**
and now she was the most beautiful thing in all the

world
**Ihre Gesichtszüge waren im Tal nicht üblich**
her features were not common in the valley
**Ihre geschlossenen Augenlider waren nicht eingesunken und rot**
her closed eyelids were not sunken and red
**aber sie lagen da, als könnten sie sich jeden Augenblick wieder öffnen**
but they lay as though they might open again at any moment
**Sie hatte lange Wimpern, die als schwere Entstellung galten**
she had long eyelashes, which were considered a grave disfigurement
**und ihre Stimme war schwach im Vergleich zu den anderen**
and her voice was weak compared to the others
**Es befriedigte also nicht das scharfe Gehör der jungen Männer**
so it did not satisfy the acute hearing of the young men
**Und so hatte sie keinen Liebhaber**
And so she had no lover
**Nunez dachte viel über Medina-sarote nach**
Nunez thought a lot about Medina-sarote
**Er dachte, er könne sie vielleicht gewinnen**
he thought perhaps he could win her
**und dann würde er sich damit abfinden, im Tal zu leben**
and then he would be resigned to live in the valley
**Er könnte für den Rest seiner Tage glücklich sein**
he could be happy for the rest of his days
**Er beobachtete sie, wann immer er konnte**
he watched her whenever he could

**und er fand Gelegenheiten, ihr kleine Dienste zu erweisen**
and he found opportunities of doing her little services
**Er stellte auch fest, dass sie ihn beobachtete**
he also found that she observed him
**Einmal bemerkte er es bei einer Versammlung am Ruhetag**
Once at a rest-day gathering he noticed it
**Sie saßen Seite an Seite im schwachen Sternenlicht**
they sat side by side in the dim starlight
**Die Musik war süß und seine Hand legte sich auf ihre**
the music was sweet and his hand came upon hers
**und er wagte es, ihre Hand zu ergreifen**
and he dared to clasp her hand
**Dann erwiderte sie ganz zärtlich seinen Druck**
Then, very tenderly, she returned his pressure
**Und eines Tages saßen sie bei ihrem Mahl in der Dunkelheit**
And one day they were at their meal in the darkness
**Er spürte, wie ihre Hand ganz sanft ihn suchte**
he felt her hand very softly seeking him
**Wie es der Zufall wollte, sprang das Feuer genau in diesem Moment auf**
as it chanced, the fire leapt just at that moment
**und er sah die Zärtlichkeit in ihr**
and he saw the tenderness in her
**Er suchte mit ihr zu sprechen**
He sought to speak to her
**Eines Tages, als sie saß, ging er zu ihr**
He went to her one day when she was sitting
**Sie war im Sommermondschein und webte**
she was in the summer moonlight, weaving
**Das Licht machte sie zu einem silbernen und**

**geheimnisvollen Ding**
The light made her a thing of silver and mystery
**Er setzte sich zu ihren Füßen**
He sat down at her feet
**und er sagte ihr, dass er sie liebte**
and he told her he loved her
**und er sagte ihr, wie schön sie ihm vorkam**
and he told her how beautiful she seemed to him
**Er hatte die Stimme eines Liebhabers**
He had a lover's voice
**Er sprach mit einer zärtlichen Ehrfurcht, die der Ehrfurcht nahe kam**
he spoke with a tender reverence that came near to awe
**Nie zuvor war sie von Anbetung berührt worden**
she had never before been touched by adoration
**Sie gab ihm keine eindeutige Antwort**
She made him no definite answer
**Aber es war klar, dass seine Worte ihr gefielen**
but it was clear his words pleased her
**Danach sprach er mit ihr, wann immer er konnte**
After that he talked to her whenever he could
**Das Tal wurde für ihn zur Welt**
the valley became the world for him
**Die Welt jenseits der Berge schien nicht mehr als ein Märchen zu sein**
the world beyond the mountains seemed no more than a fairy tale
**Vielleicht konnte er ihr eines Tages von diesen Geschichten erzählen**
perhaps one day he could tell her of these stories
**Sehr zaghaft und schüchtern sprach er mit ihr**
Very tentatively and timidly, he spoke to her of sight
**Der Anblick schien ihr die poetischste aller Phantasien**

zu sein
sight seemed to her the most poetical of fancies
**Aufmerksam lauschte sie seiner Beschreibung**
she attentively listened to his description
**Er erzählte ihr von den Sternen und den Bergen**
he told her of the stars and the mountains
**und er pries ihre süße, weißleuchtete Schönheit**
and he praised her sweet white-lit beauty
**Sie glaubte nicht, was er sagte**
She did not believe what he was saying
**und sie konnte nur halb verstehen, was er meinte**
and she could only half understand what he meant
**aber sie war geheimnisvoll entzückt**
but she was mysteriously delighted
**und es schien ihm, als verstehe sie vollkommen**
and it seemed to him that she completely understood

**Seine Liebe verlor ihre Ehrfurcht und fasste Mut**
His love lost its awe and took courage
**Er wollte die Ältesten um ihre Hand anhalten**
He wanted to ask the elders for her hand in marriage
**aber sie wurde ängstlich und zögerte**
but she became fearful and delayed
**es war eine ihrer älteren Schwestern, die es Yacob zuerst erzählte**
it was one of her elder sisters who first told Yacob
**sie erzählte ihm, dass Medina-sarote und Nunez verliebt seien**
she told him that Medina-sarote and Nunez were in love
**Es gab sehr großen Widerstand gegen die Heirat**
There was very great opposition to the marriage
**Der Einwand war nicht, weil sie sie schätzten**
the objection wasn't because they valued her

**aber sie waren dagegen, weil sie ihn für anders hielten**
but they objected because they thought of him as different
**Er war immer noch ein Idiot und inkompetent für sie**
he was still an idiot and incompetent thing for them
**Sie stuften ihn unter das zulässige Maß eines Mannes ein**
they classed him below the permissible level of a man
**Ihre Schwestern wehrten sich erbittert gegen die Heirat**
Her sisters opposed the marriage bitterly
**Sie befürchteten, dass es sie alle in Misskredit bringen würde**
they feared it would bring discredit on them all
**Der alte Yacob hatte eine Art Sympathie für Nunez entwickelt**
old Yacob had formed a sort of liking for Nunez
**Er war sein netter, aber unbeholfener und gehorsamer Leibeigener**
he was his nice, but clumsy and obedient serf
**aber er schüttelte den Kopf über den Vorschlag**
but he shook his head at the proposal
**und er sagte, die Sache könne nicht sein**
and he said the thing could not be
**Die jungen Männer waren alle wütend**
The young men were all angry
**Ihnen gefiel der Gedanke nicht, die Rasse zu verderben**
they did not like the idea of corrupting the race
**und einer ging sogar so weit, Nunez zu schlagen**
and one went so far as to strike Nunez
**aber Nunez schlug auf den Mann zurück**
but Nunez struck back at the man

**Dann fand er zum ersten Mal einen Vorteil darin,**
Then, for the first time, he found an advantage in seeing
**Selbst in der Dämmerung konnte er besser kämpfen als der Blinde**
even by twilight he could fight better than the blind man
**Nachdem dieser Kampf beendet war, war eine neue Ordnung errichtet worden**
after that fight was over a new order had been established
**Niemand dachte jemals wieder daran, die Hand gegen ihn zu erheben**
no one ever thought of raising a hand against him again
**aber sie fanden seine Ehe immer noch unmöglich**
but they still found his marriage impossible
**Der alte Yacob hatte eine Zärtlichkeit für seine letzte kleine Tochter**
Old Yacob had a tenderness for his last little daughter
**Er war betrübt, dass sie auf seiner Schulter weinte**
he was grieved to have her weep upon his shoulder
**"Siehst du, meine Liebe, er ist ein Idiot"**
"You see, my dear, he's an idiot"
**"Er hat Wahnvorstellungen über die Welt"**
"He has delusions about the world"
**"Es gibt nichts, was er richtig machen kann"**
"there isn't anything he can do right"
**"Ich weiß", weinte Medina-sarote**
"I know," wept Medina-sarote
**"Aber er ist besser als er war"**
"But he's better than he was"
**"Trotz all seiner Versuche wird er immer besser"**
"for all his trying he's getting better"
**"Und er ist stark und gütig zu mir"**
"And he is strong and kind to me"

"Stärker und freundlicher als jeder andere Mann auf der Welt"
"stronger and kinder than any other man in the world"
"Und er liebt mich. Und, Vater, ich liebe ihn."
"And he loves me. And, father, I love him"
**Der alte Yacob war sehr betrübt, sie untröstlich zu finden**
Old Yacob was greatly distressed to find her inconsolable
**Was es noch beunruhigender machte, war, dass er Nunez für viele Dinge mochte**
what made it more distressing is he liked Nunez for many things
**So ging er hin und setzte sich in den fensterlosen Ratssaal**
So he went and sat in the windowless council-chamber
**Er beobachtete die anderen Ältesten und den Verlauf der Ansprache**
he watched the other elders and the trend of the talk
**Zur rechten Zeit erhob er seine Stimme**
at the proper time he raised his voice
"Er ist besser als damals, als er zu uns kam"
"He's better than he was when he came to us"
"Es ist sehr wahrscheinlich, dass wir ihn eines Tages so gesund finden werden wie wir selbst."
"Very likely, some day, we shall find him as sane as ourselves"
**Einer der Ältesten dachte gründlich über das Problem nach**
one of the elders thought deeply about the problem
**Er war ein großer Arzt unter diesen Leuten**
He was a great doctor among these people
**Er hatte einen sehr philosophischen und**

**erfinderischen Geist**
he had a very philosophical and inventive mind
**der Gedanke, Nunez von seinen Eigenheiten zu heilen, gefiel ihm**
the idea of curing Nunez of his peculiarities appealed to him
**An einem anderen Tag war Yacob bei einem anderen Treffen anwesend**
another day Yacob was present at another meeting
**der große Doktor kehrte zum Thema Nunez zurück**
the great doctor returned to the topic of Nunez
**"Ich habe Nunez untersucht", sagte er**
"I have examined Nunez," he said
**"Und der Fall ist mir klarer"**
"and the case is clearer to me"
**"Ich denke, es ist sehr wahrscheinlich, dass er geheilt wird"**
"I think very probably he might be cured"
**"Das ist es, was ich immer gehofft habe", sagte der alte Yacob**
"This is what I have always hoped," said old Yacob
**"Sein Gehirn ist betroffen", sagte der blinde Arzt**
"His brain is affected," said the blind doctor
**Die Ältesten murmelten zustimmend**
The elders murmured in agreement
**"Nun, was macht es aus?" fragte der Doktor**
"Now, what affects it?" asked the doctor
**"Das", antwortete der Doktor auf seine eigene Frage**
"This," said the doctor, answering his own question
**"Diese seltsamen Dinge, die man die Augen nennt"**
"Those queer things that are called the eyes"
**"Sie sind dazu da, eine angenehme Vertiefung im Gesicht zu machen"**

"they exist to make an agreeable indentation in the face"
**"Die Augen sind krank, im Fall von Nunez"**
"the eyes are diseased, in the case of Nunez"
**"so, dass es sein Gehirn beeinflusst"**
"in such a way that it affects his brain"
**"Seine Augen wölben sich aus dem Gesicht"**
"his eyes bulge out of his face"
**"Er hat Wimpern, und seine Augenlider bewegen sich"**
"he has eyelashes, and his eyelids move"
**"Folglich befindet sich sein Gehirn in einem Zustand ständiger Reizung"**
"consequently, his brain is in a state of constant irritation"
**"Und so ist alles eine Ablenkung für ihn"**
"and so, everything is a distraction to him"
**Yacob hörte aufmerksam zu, was der Doktor sagte**
Yacob listened intently at what the doctor was saying
**"Ich glaube, ich kann mit ziemlicher Sicherheit sagen, dass es eine Heilung gibt"**
"I think I may say with reasonable certainty that there is a cure"
**"Alles, was wir tun müssen, ist ein einfacher und leichter chirurgischer Eingriff"**
"all we need to do is a simple and easy surgical operation"
**"Dabei geht es nur darum, die gereizten Augen zu entfernen"**
"all this involves is removing the irritant eyes"
**"Und dann wird er gesund sein?"**
"And then he will be sane?"
**"Dann wird er vollkommen gesund sein"**
"Then he will be perfectly sane"
**"Und er wird ein ganz bewundernswerter Bürger sein"**

"and he'll be a quite admirable citizen"
**"Dem Himmel sei Dank für die Wissenschaft!" sagte der alte Yacob**
"Thank Heaven for science!" said old Yacob
**und er ging sogleich hinaus, um Nunez die gute Botschaft zu verkünden**
and he went forth at once to tell Nunez of the good news
**Doch Nunez war nicht ganz so begeistert von der Idee**
But Nunez wasn't quite as enthusiastic about the idea
**Er nahm die Nachricht mit Kälte und Enttäuschung auf**
he received the news with coldness and disappointment
**"Der Ton Ihrer Stimme erweckt kein Vertrauen"**
"the tone of your voice does not inspire confidence"
**"Man könnte meinen, du kümmerst dich nicht um meine Tochter"**
"one might think you do not care for my daughter"

**Medina war es, die Nunez überredete, sich den blinden Chirurgen zu stellen**
It was Medina who persuaded Nunez to face the blind surgeons
**"Du willst doch nicht", sagte er, "daß ich meine Gabe des Augenlichts verliere?"**
"You do not want me," he said, "to lose my gift of sight?"
**Sie schüttelte den Kopf**
She shook her head
**"Meine Welt ist das Sehen"**
"My world is sight"
**Ihr Kopf senkte sich**
Her head drooped lower
**"Es gibt die schönen Dinge"**
"There are the beautiful things"
**"Die Welt ist voll von schönen kleinen Dingen"**

"the world is full of beautiful little things"
**"Die Blumen und Flechten inmitten der Felsen"**
"the flowers and the lichens amidst the rocks"
**"Das Licht und die Weichheit auf einem Stück Fell"**
"the light and softness on a piece of fur"
**"Der ferne Himmel mit seiner treibenden Wolkendämmerung"**
"the far sky with its drifting dawn of clouds"
**"Die Sonnenuntergänge und die Sterne"**
"the sunsets and the stars"
**"Und da bist du"**
"And there is you"
**"Für dich allein ist es gut, sehend zu sein"**
"For you alone it is good to have sight"
**"Dein süßes, heiteres Gesicht zu sehen, ist gut"**
"to see your sweet, serene face sight is good"
**"um deine gütigen Lippen zu sehen"**
"to see your kindly lips"
**"Deine lieben, schönen Hände ineinander gefaltet"**
"your dear, beautiful hands folded together"
**"Es sind diese meine Augen, die du gewonnen hast"**
"it is these eyes of mine you won"
**"Es sind diese Augen, die mich an dir festhalten"**
"it is these eyes that hold me to you"
**"Aber es sind diese Augen, die diese Idioten suchen"**
"but it is these eyes that those idiots seek"
**"Stattdessen muss ich dich berühren"**
"Instead, I must touch you"
**"Ich würde dich hören, aber nie wieder sehen"**
"I would hear you, but never see you again"
**"Muss ich unter dieses Dach aus Fels und Stein und Finsternis kommen?"**
"must I come under that roof of rock and stone and

darkness?"

**"Dieses schreckliche Dach, unter das sich deine Phantasie beugt"**
"that horrible roof under which your imaginations stoop"

**"Nein; Du willst nicht, dass ich das tue?"**
"no; you would not have me do that?"

**Ein unangenehmer Zweifel war in ihm aufgetaucht**
A disagreeable doubt had arisen in him

**Er hielt inne und ließ das fragliche Ding stehen**
He stopped and left the thing in question

**Sie sagte: "Ich wünschte manchmal, du würdest nicht so reden."**
she said, "I wish sometimes you would not talk like that"

**"Reden wie was?", fragte Nunez**
"talk like what?" asked Nunez

**"Ich weiß, dass dein Anblick hübsch ist"**
"I know your sight is pretty"

**"Es ist deine Vorstellungskraft"**
"It is your imagination"

**"Ich liebe es, aber jetzt..."**
"I love it, but now..."

**Er fühlte sich kalt bei der Schwere ihrer Worte**
He felt cold at the gravity of her words

**"Jetzt?" fragte er schwach**
"Now?" he said, faintly

**Sie saß ganz still, ohne etwas zu sagen**
She sat quite still without saying anything

**"Glaubst du, ich wäre besser ohne meine Augen?"**
"you think, I would be better without my eyes?"

**Er erkannte die Dinge sehr schnell**
He was realising things very swiftly

**Er fühlte Zorn über den langweiligen Lauf des**

**Schicksals**
He felt anger at the dull course of fate
**Aber er empfand auch Verständnis für ihr Unverständnis**
but he also felt sympathy for her lack of understanding
**aber seine Sympathie für sie glich Mitleid**
but his sympathy for her was akin to pity
**"Mein Lieber", sagte er zu seiner Liebsten**
"Dear," he said to his love
**Ihr Geist drängte sich gegen die Dinge, die sie nicht sagen konnte**
her spirit pressed against the things she could not say
**Er legte seine Arme um sie und küsste ihr Ohr**
He put his arms about her and he kissed her ear
**und sie saßen eine Zeitlang schweigend da**
and they sat for a time in silence
**"Wenn ich damit einverstanden wäre?" fragte er endlich**
"If I were to consent to this?" he said at last
**mit einer Stimme, die sehr sanft war**
in a voice that was very gentle
**Sie schlang ihre Arme um ihn und weinte wild**
She flung her arms about him, weeping wildly
**"Oh, wenn du das tun würdest", schluchzte sie**
"Oh, if you would do that," she sobbed
**"Wenn du nur diese eine Sache tun würdest!"**
"if only you would do that one thing!"

**Nunez wusste in der Woche vor der Operation nichts vom Schlaf**
Nunez knew nothing of sleep in the week before the operation
**die Operation, die ihn aus seiner Knechtschaft und**

**Minderwertigkeit befreien sollte**
the operation that was to raise him from his servitude and inferiority
**die Operation, die ihn in den Rang eines blinden Bürgers erheben sollte**
the operation that was to raise him to the level of a blind citizen
**Während die andern vergnügt schlummerten, saß er grübelnd da**
while the others slumbered happily, he sat brooding
**In den warmen, sonnenbeschienenen Stunden irrte er ziellos umher**
all through the warm, sunlit hours he wandered aimlessly
**und er versuchte, seinen Verstand auf sein Dilemma zu lenken**
and he tried to bring his mind to bear on his dilemma
**Er hatte seine Antwort und sein Einverständnis gegeben**
He had given his answer and his consent
**Und immer noch war er sich nicht sicher, ob es richtig war**
and still he was not sure if it was right
**Die Sonne ging strahlend über den goldenen Kämmen auf**
the sun rose in splendour over the golden crests
**Sein letzter Tag der Vision hatte für ihn begonnen**
his last day of vision had began for him
**Er hatte noch ein paar Minuten mit Medina-sarote, bevor sie schlafen ging**
He had a few minutes with Medina-sarote before she went to sleep
**"Morgen", sagte er, "werde ich nichts mehr sehen."**

"Tomorrow," he said, "I shall see no more"
**"Liebes Herz!" antwortete sie**
"Dear heart!" she answered
**und sie drückte seine Hände mit aller Kraft**
and she pressed his hands with all her strength
**"Sie werden dir wehtun, aber wenig"**
"They will hurt you, but little"
**"Du wirst diesen Schmerz überstehen"**
"you are going to get through this pain"
**"Du machst es durch, lieber Geliebter, für mich"**
"you are going through it, dear lover, for me"
**"Wenn das Herz und das Leben einer Frau es können, werde ich es dir vergelten"**
"if a woman's heart and life can do it, I will repay you"
**"Meine Liebste," sagte sie mit zärtlicher Stimme, "ich will es vergelten."**
"My dearest one," she said in a tender voice, "I will repay"
**Er war durchtränkt von Mitleid mit sich und ihr**
He was drenched in pity for himself and her
**Er hielt sie in seinen Armen und presste seine Lippen auf ihre**
He held her in his arms and pressed his lips to hers
**und er bewunderte ihr süßes Gesicht zum letzten Male**
and he admired her sweet face for the last time
**"Auf Wiedersehen!" flüsterte er zu ihrem liebsten Anblick**
"Good-bye!" he whispered to the dear sight of her
**Und dann wandte er sich schweigend von ihr ab**
And then in silence he turned away from her
**Sie konnte seine langsamen Schritte hören**
She could hear his slow retreating footsteps
**Irgendetwas im Rhythmus seiner Schritte versetzte sie**

**in ein leidenschaftliches Weinen**
something in the rhythm of his footsteps threw her into a passion of weeping


**Er hatte fest vorgehabt, an einen einsamen Ort zu gehen**
He had fully meant to go to a lonely place
**zu den Wiesen mit der schönen weißen Narzisse**
to the meadows with the beautiful white narcissus
**Dort wollte er bis zur Stunde seines Opfers bleiben**
there he wanted remain until the hour of his sacrifice
**aber als er ging, hob er die Augen auf**
but as he walked he lifted up his eyes
**und er sah den Morgen mit seinem Augenlicht**
and he saw the morning with his sight
**Es war wie ein Engel, der in goldener Rüstung glänzte**
it was like an angel shining in golden armour
**er liebte Medina-sarote wirklich**
he truly did love Medina-sarote
**Er war bereit, sein Augenlicht für sie aufzugeben**
he was prepared to give up his sight for her
**Er würde den Rest seines Lebens im Tal verbringen**
he was going to live the rest of his life in the valley
**Der Engel marschierte die Steilhänge der Wiesen hinab**
the angel marched down the steeps of the meadows
**und es tauchte alles in sein goldenes Licht**
and it bathed everything in its golden light
**Ohne es zu bemerken, änderte sich etwas in ihm**
without any notice something in him changed
**Das Land der Blinden war nicht mehr als eine Grube der Sünde**
the country of the blind was no more than a pit of sin

**Er wandte sich nicht ab, wie er es sich vorgenommen hatte**
He did not turn aside as he had meant to do
**aber er ging weiter und ging durch die Mauer**
but he went on and passed through the wall
**Von dort ging er hinaus auf die Felsen**
from there he went out upon the rocks
**Seine Augen ruhten auf dem sonnenbeschienenen Eis und Schnee**
his eyes were upon the sunlit ice and snow
**Er sah ihre unendliche Schönheit**
he saw their infinite beauty
**Seine Phantasie schwebte über den Gipfeln**
his imagination soared over the peaks
**Seine Gedanken gingen zu der Welt, die er nicht wiedersehen würde**
his thoughts went to the world he wouldn't see again
**Er dachte an diese große freie Welt**
he thought of that great free world
**die Welt, von der er sich zu trennen bereit war**
the world that he was prepared to part from
**die Welt, die ihm gehörte**
the world that was his own
**und er hatte eine Vision von diesen weiteren Hängen**
and he had a vision of those further slopes
**Seine Gedanken führten ihn durch die Täler, aus denen er gekommen war**
his mind took him through the valleys he had come from
**Er ging den Fluss entlang in die Stadt**
he went along the river into the city
**in Gedanken konnte er Bogotá sehen**
in his mind he could see Bogota
**Seine Phantasie trug ihn durch die Stadt**

his imagination carried him through the city
**Ein Ort von vielfältiger, mitreißender Schönheit**
a place of multitudinous stirring beauty
**Eine Herrlichkeit am Tag, ein leuchtendes Geheimnis bei Nacht**
a glory by day, a luminous mystery by night
**Ein Ort der Paläste und Brunnen**
a place of palaces and fountains
**Ein Ort der Statuen und weißen Häuser**
a place of statues and white houses
**seine Gedanken gingen mit ihm hinaus in die Stadt**
his mind went with him out the city
**Er folgte der Reise eines Flusses**
he followed the journey of a river
**Der Fluss floss durch die Dörfer und Wälder**
the river went through the villages and forests
**Ein großer Dampfer kam vorbeigespritzt**
a big steamer came splashing by
**Die Ufer des Flusses öffneten sich zum Meer hin**
the banks of the river opened up into the sea
**Das grenzenlose Meer mit seinen Tausenden von Inseln**
the limitless sea with its thousands of islands
**Er konnte die Lichter der Inseln und der Schiffe sehen**
he could see the lights of the islands and the ships
**Das Leben auf jeder kleinen Insel ging weiter**
life continued on each little island
**und er dachte an diese größere Welt**
and he thought about that greater world
**Er blickte nach oben und sah den unendlichen Himmel**
he looked up and saw the infinite sky
**Es war nicht wie der Himmel im Tal der Blinden**

it was not like the sky in the valley of the blind
**eine kleine Scheibe, die von Bergen abgeschnitten ist**
a small disk cut off by mountains
**aber ein Bogen von unermesslich tiefem Blau**
but, an arch of immeasurably deep blue
**und darin sah er das Kreisen der Sterne**
and in this he saw the circling of the stars
**Seine Augen begannen, den Kreis der Berge zu untersuchen**
His eyes began to scrutinise the circle of mountains
**Er betrachtete es ein wenig schärfer als zuvor**
he looked at it a little keener than he had before
**"Vielleicht könnte man diese Rinne hinaufgehen"**
"perhaps one could go up that gully"
**"Von dort aus konnte man auf den Gipfel gelangen"**
"from there one could get to that peak"
**"Dann könnte man zwischen diesen Kiefern herauskommen"**
"then one might come out among those pine trees"
**"Der Hang hinter den Kiefern ist vielleicht nicht so steil"**
"the slope past the pines might not be so steep"
**"Und dann kann man vielleicht die Mauer erklimmen"**
"and then perhaps that wallface can be climbed"
**"Wo der Schnee anfängt, ist auch ein Fluss"**
"where the snow starts there will be a river"
**"Von dort sollte es einen Weg geben"**
"from there there should be a path"
**"und wenn diese Route versagt, gibt es im Osten andere Lücken"**
"and if that route fails, to the East are other gaps"
**"Man bräuchte nur ein bisschen Glück"**
"one would just need a little good fortune"

**Er warf einen Blick zurück auf das Dorf**
He glanced back at the village
**Aber er musste es sich noch einmal ansehen**
but he had to look at it once more
**Er blickte hinab in das Land der Blinden**
he looked down into the country of the blind
**er dachte an Medina-sarote, die in ihrer Hütte schlief**
he thought of Medina-sarote, asleep in her hut
**aber sie war ihm klein und fern geworden**
but she had become small and remote to him
**Er wandte sich wieder der Bergwand zu**
he turned again towards the mountain wall
**die Mauer, die er an jenem Tag niedergestürzt hatte**
the wall down which he had come down that day
**Dann begann er sehr vorsichtig seinen Aufstieg**
then, very circumspectly, he began his climb
**Als der Sonnenuntergang kam, kletterte er nicht mehr**
When sunset came he was no longer climbing
**aber er war weit und hoch oben im Tal**
but he was far and high up the valley
**Seine Kleider waren zerrissen und seine Gliedmaßen waren blutbefleckt**
His clothes were torn and his limbs were bloodstained
**Er war an vielen Stellen verletzt**
he was bruised in many places
**aber er lag da, als ob er sich wohl fühlte**
but he lay as if he were at his ease
**und da war ein Lächeln auf seinem Gesicht**
and there was a smile on his face
**Von dort, wo er sich ausruhte, schien das Tal wie in einer Grube zu sein**
From where he rested the valley seemed as if it were in a pit

**Jetzt war es fast eine Meile unter ihm**
now it was nearly a mile below him
**Die Grube war bereits dunkel von Dunst und Schatten**
the pit was already dim with haze and shadow
**Die Berggipfel um ihn herum waren Dinge aus Licht und Feuer**
the mountain summits around him were things of light and fire
**Die kleinen Dinge in den Felsen waren durchtränkt von Licht und Schönheit**
the little things in the rocks were drenched with light and beauty
**eine Ader aus grünem Mineral, die das Grau durchdringt**
a vein of green mineral piercing the grey
**hier und da ein kleiner Kristallblitz**
a flash of small crystal here and there
**ein winzig schönes orangefarbenes Licht in der Nähe seines Gesichts**
a minutely-beautiful orange light close to his face
**Es gab tiefe, geheimnisvolle Schatten in der Schlucht**
There were deep, mysterious shadows in the gorge
**Blau vertiefte sich in Purpur und Purpur in eine leuchtende Dunkelheit**
blue deepened into purple, and purple into a luminous darkness
**Über ihm war die unendliche Weite des Himmels**
over him was the endless vastness of the sky
**aber er beachtete diese Dinge nicht mehr**
but he heeded these things no longer
**Stattdessen lag er ganz still da**
instead, he laid very still there
**Er lächelte, als ob er jetzt zufrieden wäre**

smiling, as if he were content now
**zufrieden damit, aus dem Tal der Blinden entkommen zu sein**
content to have escaped from the valley of the Blind
**das Tal, in dem er geglaubt hatte, König zu sein**
the valley in which he had thought to be King
**Der Schein des Sonnenuntergangs verging**
the glow of the sunset passed
**und die Nacht kam mit ihrer Finsternis**
and the night came with its darkness
**und er lag da, unter den kalten, klaren Sternen**
and he lay there, under the cold, clear stars

**Das Ende**
The End

www.ingramcontent.com/pod-product-compliance
Lightning Source LLC
Chambersburg PA
CBHW012005090526
44590CB00026B/3890